U0051734

七真史傳

目錄

重刻七真傳序

昔漢武帝謂天下本無神仙。盡妖妄耳。不知堪輿之大。何所蔑有。麒麟於走獸。鳳凰於飛鳥。猶能出於其類。況人秉天地精英之氣。負山川靈秀之材。誠能清靜寂滅。不難煮金煉石，即未騰雲駕霧。亦可換骨脫胎。彼黃石之升雲。赤松之隨雨。雖屬荒弛。而論語之言。竊比老彭者。不有明證歟。余遊方外數十餘年。空受慈雲法雨。身如蠅癡。非無誠意正心。性實鳩拙。火棗交梨讓。十二碧城之客。綺蔥赤蕤遜。三千珠闕之人。加以烽煙遍乎三秦。厲氣染於兩教。萍蹤靡定。絮語難宜。雖馬蹄鹿苑之書無所不讀。而於身心性命之源。終未有以探其旨趣。近來十方緣化。道履羊腸。七祖經睹。喜同雀躍。字挾風霜。非芸編瓠史之可比。聲成金石。豈來豔班香之能同。萬緣俱淨。八垢皆空。讀百回之不厭兮。舌本生蓮。覽一字之莫滅兮。頭點頑石。於是廉泉讓水之地。遍求善男。聖域賢關之旁。多延信女。竊幸履憂頓釋。斷簡殘編之改觀。燕賀告成。琳篆琅玕之並美。願世人照茲奉行。不必嚼金玉之津液。不必服日月之精華。無勞爾形。無搖爾精。窈窈冥冥。安知不羽化登仙。同赴玉樓之宴也。是為序。

第一回

憐貧困偶施惻隱　入夢寐明指前程

行善當從實處行　莫沽虛譽圖聲名
虛名虛譽成何用　反惹窮人說不平

這幾句言語講的是行善要有事實。若只圖做得好看，欲人知曉，即是沽虛名也。有其名而無其實，只在熱鬧處做去，那極苦極窮之人，有不能被其澤者眾也，雖費了許多銀錢，畢竟未曾做到正經善事。既做不到正經善事，有當面錯過之嘆。

昔炎宋之末，陝西咸陽縣有個大魏村，村內有百餘家人戶，大半姓王，也算得一大族。這王族內有個居孀的婦人，年四十餘，膝下有一男一女，也曾男婚女嫁，因這孀婦心性慈善，見了別人的小男細女，當成自己親生的一樣，不停兒長女短的哐哄他們，那些小娃子啼哭時便要喊媽，她就隨口答應，因此人人都稱她為王媽媽。

這王媽媽家頗豐厚，平生也愛做善事，最喜佛道兩門，常好齋僧佈道，拜佛看經，人人都說她行善，就有許多僧道登門抄化，又有若干貧窮來村乞討，或多或少她也隨時周濟。

那年殘冬之際，天降大雪，王媽媽站立門首，見兩個乞丐從雪地走來求其周濟。王媽媽責以：「不去傭工度日而來沿門乞討，非好吃而懶做必游手以貪閑，那有許多閑茶空飯侍奉你們。」話未說完，有僧道數人前來募化，王媽媽給與錢米。

僧道去後，二丐問曰：「善婆婆，喜施僧道不濟貧寒，其故何也？」

王媽媽曰：「非我喜施僧道，僧能念經，道能修行，我雖然佈施他們一點錢米，僧可與我消災，道可與我延壽，若周濟你們，有何益哉？不過在我門上喊得熱鬧！」

二丐曰：「施恩不望報，望報非施恩，你今略給一盞米，略施幾文錢，遂欲消災延壽，豈不謬乎！」說畢而去。

佈道齋僧結善緣　　貧窮孤苦亦堪憐

只施僧道不憐苦　　失卻善功第一先

且說二丐見王媽媽不肯周濟，只得往前行。不數步來到一個朱漆門樓，大喊了一聲爺爺，求周濟。不久裏面出來一人，這人生得面赤鬚長，神清氣爽，有容人之量，豪俠之風，年紀不過四十上下。其人姓王名嚞，字知名，號德盛。幼年曾讀詩書，功名不就，遂棄文習武，得中武魁，身為孝廉。

這日天降大雪，十分寒冷，同妻子周氏、兒子秋郎在堂前圍爐烤火，忽聽得門外喊叫爺爺求周濟，王武舉聞此言甚蹊蹺，出外來瞧得二乞丐站立門口，王武舉問他們到底是求爺爺周濟或是爺爺求周濟？丐者答曰：「話不可詳，詳必深疑。」王武舉見他言之有理，遂不復問。

其時風大雪緊，雪隨風舞，滿天梨花、紛紛墜地，山絕鳥跡，路斷人蹤。王武舉見二丐衣只一層，怎擋此嚴寒？忽起惻隱之心，對二丐者曰：「那些閑話不提，這般大雪，如何走得？我這門樓側邊有間空房，房內堆有亂草，可以坐臥，二位何不請到裏頭避一避雪？」二丐者答以最好。王武舉即將空房打開，二丐者入內棲止。王武舉轉回廳堂，使家童玉娃拿了些飯食出來與二丐吃。

幾人使義能疏財　肯把貧窮請進來
只有當年王武舉　生平慷慨廣培栽

二丐者在王武舉家內住了兩日，天始晴朗，意欲告辭要走。只見王武舉走進來，後面隨著玉娃捧來酒食。武舉對二乞丐曰：「愚下連日有事，少來奉陪，今日閑暇，欲與二位同飲一杯敘敘寒溫可乎？」二位乞丐連聲稱妙。王武舉即叫玉娃擺下盃筷，二乞丐更不遜讓也不言謝，竟自吃起來，頃刻連盡兩壺。王武舉又叫玉娃添酒上來，二丐豪飲之際，王武舉曰：「二位難友姓甚名誰？平生會做些甚麼生意？」丐者答曰：「咱二人並不會做啥，他叫金重，我叫無心昌。」王武舉曰：「我意欲與二位湊點資本，做個小生意度活日時，豈不強於乞討，未知二位意下如何？」武舉話畢，金重擺擺手兒口中說道：「不妙不妙，我生平散淡慣了，不能做此絆手絆腳之事。」王武舉見金重如此說，知他不肯作生意。又問無心昌曰：「金兄既不能做此小生意以過日時，未識吳兄肯作此否？」無心昌曰：「我之散淡更有甚焉！嘗聞家雞有食湯鍋近，野鶴無糧任高飛，若向蠅頭求微利，此身焉能得逍遙。」王武舉嘆曰：「聞二位之言，足見高風，然而如今世道重的是衣冠，喜的是銀錢，若二位這樣清淡，誰能識之？」無心昌曰：「我等是不求人知者，欲求人知，亦不落於乞討也。」王武舉聽他言語超群，也不再言，即命玉娃收拾杯盤，同入內去。

到了次日，二丐告辭起身，王武舉送出村外，猶戀戀不捨，又往前送了幾步，猛見一座橋樑擋路，王武舉暗想村之前後原無橋樑，回頭望大魏村，卻在隱微之中，不甚明白。正在疑惑之際，無心昌叫曰：「孝廉公快來。」王武舉掉頭看時，見二人坐在橋頭。金重拍手歌曰：「錢財聚復散，衣冠終久壞，怎如我二人，值身於世外。不欠國家糧，不少兒女債，不說好和歹，不言興和敗，不與世俗交，免得惹人怪。一件破衲襖，年年身上載，爛了又重補，洗淨太陽晒，白日遮身體，晚來當舖蓋，不怕賊來偷，也無小人愛。常存凌雲志，一心遊上界，若人知我意，必要低頭拜，我有無窮理，使他千年在，惜乎人不識，以恩反為害。」

王孝廉趨步上橋，無心昌曰：「孝廉遠送，當酬一酒。」說罷，即於袖中取出一小錫瓶，上覆酒盃，取而斟之，滿貯佳釀，遞與孝廉。王武舉接過手來，一飲而盡，連飲三盃，醉倒橋上，昏昏欲睡，忽見無心昌走來，一手拉起，說是：「休睡休睡，可同我們去觀一觀景緻。」王孝廉醉態朦朧，隨著無心昌行不數步，見一座高山峻極，擋在路前，王孝廉驚曰：「如此高山，怎得上去？」金重曰：「跟我來，自可上升。」王孝廉果然跟著他走去，毫不費力。頃刻走上山頂，見頂上甚是平坦，有一個大池，滿貯清水，水內開放七朵金色蓮花，花大如盤，鮮麗非常，王孝廉心甚愛慕，連聲讚曰：「好蓮花！好蓮花！怎能摘朵與我？」

孝廉話未說完，只見無心昌跳入池中，將七朵金色蓮花，一齊摘來，交與王孝廉曰：「一並與你，要好好護持這七朵蓮花。有七位主者，邱、劉、譚、馬、郝、王、孫是也，此七人與汝有師徒之分，他日相遇善為開化，方不負我付汝蓮花之意也。」王孝廉將蓮花接過來抱在懷中，即欲歸家，臨行又問無心昌幾時再會？無心昌曰：「會期原不遠，只有兩個三，仍從離處遇，橋邊了萬緣。」王孝廉聽罷，移步下山，忽被路旁葛藤一絆，一跤跌下山去，不知性命如何？且聽下回分解。

莫說上來原不易　須知下去更為難

問題與討論／

1. 王媽媽與王孝廉的行善佈施有何不同？
2. 金重與無心昌何人也？
3. 王孝廉如何通過金重與無心昌之考驗？
4. 『會期原不遠，只在兩個三，仍從離處遇，橋邊了萬緣』所指的是何意？

第二回

萬緣橋呂祖親傳道
大魏村孝廉假中風

了悟猶如夜得燈　無窗暗室忽光明
此身不向今生度　更向何時度此身

話說王孝廉抱著七朵蓮花，移步下山，忽被葛藤將腳一絆，跌了一跤。猛然驚醒，萬象皆空，卻是一夢。睜眼看時，卻在自己家中書房內臥著。見兒子秋郎站立在側邊，王孝廉咳了一聲嗽，秋郎聽見，喊道：「爹爹醒來了！爹爹醒來了！」這一聲喊叫，驚動了周娘子忙來探問說：「相公酒醒來嗎？」王孝廉曰：「好奇怪！好奇怪！」周娘子曰：「事皆出於自迷，有何奇怪？」王孝廉曰：「卑人明明送客出去，為何還在家中？」周娘子答曰：「官人太放蕩了，你昨日送二乞丐出去，半日不歸，找人探望幾遍，渺無蹤影，是我放心不下，央二叔王茂同玉娃前去尋你，於二十餘里之外，見你倒臥橋上，醺醺大醉，人事不省，雇車將你送回家來。睡了一日一夜，今才醒來，官人從今後當自尊重，酒要少飲，事要正為，來歷不明之人休要交遊。你今受了朝廷頂戴，乃鄉人之所敬仰，若倒臥荒郊成何體統？豈不自失威儀，而取笑於鄉人也。」

王孝廉起而謝曰：「娘子藥石之言，卑人敢不銘心刻骨，我想昨日那兩個難友，定是二位神仙。」周娘子說：「明明是兩個乞丐，怎麼說是二位神仙？」王孝廉曰：「聽其言詞，觀其動靜，所以知其必仙也。」周娘子問道：「他講了些甚麼言語？做了些甚麼事情？那一點像個神仙？」王孝廉遂將幫湊他資本他如何推卻，次日送他行不數步，就有二十餘里遠，如何作歌，如何贈酒，與其上山摘蓮，臨行之言，從頭一一對周娘子說了一遍。又曰：「我才飲他三盃便醉了一日一夜，種種怪異，若非神仙，焉有此奇事？」周娘子言曰：「嘗聽人講，世間有等歹人，有縮地之法，略一舉步便在十里之外，一日可行千里。又以迷藥入酒中，帶在身旁，見一孤商獨賈，即取酒勸之，飲酒一沾唇，便昏迷不醒，他卻盜人銀錢，剝人衣衫，到你醒來之時，無處尋覓。若不慎之於前，終必悔之於後也。」

周娘子話畢，王孝廉自思，娘子終是女流，若與他分辨，定然說不清白，不如順他意見了局此事，便隨口答曰：「娘子之言是也，卑人謹當識之。」娘子退下。王孝廉常獨自一人坐在書房，思想金重無心昌之言，翻來覆去，默會其理。如此多日，忽然醒悟金重二字，合攏來是個鍾字，吳心昌作無心昌，昌字無心，是個呂字。明明是鍾呂二仙前來度我，我今無緣，當面錯過，越想越像，不覺失聲嘆曰：「惜哉！惜哉！」猛又想起臨別之言：會期原不遠，只有兩個三，仍從離處遇，橋邊了萬緣。不遠者，必主於近也。兩個三，必三月三也。離處遇，欲知來處，必於去處尋之。了萬緣者，言萬法皆歸之意。想到此，不覺心生歡喜。光陰似箭，日月如梭，瞬息之間，殘冬已盡，新春又來。

一年氣象一年新　萬卉爭妍又一春
少小兒童皆長大　看看又是白頭人

且說王孝廉過了新年，一轉眼就是三月，到了初三日，私自離了家，還由舊路而至橋前，等候多時，不見到來，默想形像，心甚誠切，站立橋頭，東張西望，忽聞背後有人呼曰：「孝廉公來何早也。」王孝廉回頭一看，正是去年那兩位難友，忙上前拉著衲襖說：「二位大仙一去，可不想煞弟子。」無心昌同金重到橋頭坐下，王孝廉雙膝跪在面前說：「弟子王嚞，肉眼凡胎，不識上仙下降，多有褻瀆，望乞赦宥。今日重睹仙顏，真乃三生有幸，願求指示迷途，使登覺路，弟子感恩不淺。」說罷，只是叩頭。只見二人呵呵大笑，口內金光流露，燦人眼目，俯仰之間，二人改變形容，左邊一人頭挽雙髻，身披敞衣，面如重棗，目似朗星，一部長髯垂於胸前，幾疋鵝毛扇在手中。右邊一人頭戴九梁巾，身穿黃道袍，面如滿月，眼光射人，鬚飄五綹，劍揷一口，果是鍾離老祖與呂祖純陽。王孝廉跪拜，低頭不敢仰視。

呂祖曰：「上古人心樸實，風俗良淳，授道者先授以法術衛身，而後傳以玄功成真。今時世道澆漓，人心不古，若先授以法術，必反誤其身，故先傳以玄功，不假法術而身自安，不用變化而道自成，道成萬法皆通，不求法術而法術自得也。是謂全真之教。」即說全真妙理曰：

「所謂全真者，純真不假之意也。人誰無真心？一轉便非了。人誰無真意？一雜便亡了。人誰無真情？一偏便差了。初心為真，變幻即為假心；始意為真，計較即為假意。至情為真，乖戾即為假情。所謂初心者，即固有之心也；所謂始意者，即朕兆之意也。所謂至情者，即本性之情也。心中有真意真情，情中方見真心真意，由真心發而為真意，由真意發而為真情。是情即自然景象，無時非天機之呈露，然則人可不真哉。人不真心，即無真意，無真意即無真情。嘗見修道之士，動則私念迭起，念之私即心不真處，靜則欲念相循，念在欲即心不真處。私欲不絕，發或全無真意，或半真半假，即半真半假之際，正天人相乘之時，是意也，情所不能掩也。驗真道先驗真情，驗真情即可知心真與未真，知意真與未真，故修真之道，必以意始，意誠心亦誠，即心所發之情亦誠矣，誠斯真也。誠若不真，見之於言，則言不由衷，非真言也。見之於行，則行不率性，非真行也。修之者，修去心外之心，意外之意，情外之情，當於舉念發言時，提起天良，放下人心，不許疑二其心，混雜其意，方為真心真意真情，一毫不假，是真道。真道遍行，故謂之全真也。」

呂祖將全真之理說與王孝廉畢，又授以煉己築基、安爐立鼎、採藥還丹、火候抽添一切工夫，王孝廉再拜受教。呂祖又曰：「汝成道之後，速往山東，以度七真。七真者，乃曩昔所言七朵金蓮之主者也。」呂祖叮嚀已畢，即與鍾離老祖將身一縱，遍地金光，倏忽不見。王孝廉望空拜謝，拜畢，猶瞻仰空中，默想仙容，只見王茂同玉娃走來說：「我們奉娘子之命。前來找尋家爺，因疑在此，今果得遇，速請歸家免懸望。」

孝廉乃緩緩而行，一路默記呂祖所傳之道。歸得家來，不入內室，竟到書室坐下。周娘子聽說丈夫歸家，即來看問，見孝廉不言不語，若有所思的樣兒，娘子看罷，即勸丈夫曰：「官人屢次輕身出外，常使妾身擔憂，只恐有玷品行，取笑於鄉人，官人屢不聽勸，如何是好？」王孝廉正默想玄功，連周娘子進來，他都不曉得，那裏聽她說甚話來，只是最後，猛聽見周娘子說：「如何是好？」他也摸不著頭腦，隨口答曰：「怎麼如何是好，如何是不好？」娘子見他言語，說不上理路，遂不再言，各自退去。

王孝廉心中自忖，這般擾人，焉能做得成功，悟得了道？若不設個法兒，斷絕塵緣，終身不能解脫。低頭想了一回，想出一條路來，除非假裝中風不語，不能絕這些牽纏。想罷，即做成那痴呆的樣兒，見有人來，故作呻吟之狀，又不歸內室去，就在書屋涼床上臥下，周娘子睹此情形，憂心不暇，一日幾遍來問，只見他口內唧唧噥噥，說話不明，呻呻喚喚，擺頭不已。

周娘子無可奈何，即使玉娃去請幾位與他平日知交的人來，陪他閑談，看是甚麼緣故？這幾位朋友，都是王孝廉素所敬愛，一請便來，當下進得書屋，齊聲問曰：「孝廉公可好嗎？」王孝廉將頭搖了幾搖，把手擺了幾擺，口裏哩哩喇喇，說不出話來，只是嘆氣。幾位朋友見他說不出話，一味呻吟，知是有病，卻不知害的啥病？有個年長的人說：「我觀孝廉公像是中風不語的毛病，不知是與不是？我們村東頭有個張海清先生，是位明醫，可找人去請他來診一診脈，便知端的。」周娘子在門外聽得此言，即命玉娃去請先生。不一時將先生請到，眾友人一齊站起身來讓先生入內坐下，將孝廉形狀情由對他說明。張海清即來與王孝廉看脈。兩手診畢，並無病脈，只得依著眾人口風說：「果然是個中風不語的病症，只要多吃幾付藥，包管痊癒。」說罷，即提筆寫了幾味藥料，不知醫得好醫不好？且聽下回分解。

只緣武舉原無病　　非是先生醫不明

問題與討論／

1. 王孝廉欲訪明師之心誠切，給予我們那些啟示？
2. 試述全真妙理之真義及如何應用於日常生活中？
3. 王孝廉假裝中風不語，以斷絕塵緣，是否有其他的處理方式？

第三回

受天詔山東度世　入地道終南藏身

世態炎涼無比倫　爭名奪利滿紅塵
眾生好度人難度　願度眾生不度人

話說王孝廉原是無病之人，只不過裝成有病，欲杜絕纏擾，好悟玄功。這張海清先生如何知道他這個深心，故左診右診，診不出他是啥病，只得隨著眾人口氣說：「當真是個中風不語的毛病。」即索紙筆，開了一張藥單，無非是川芎三錢、防風半兩。開畢，即向眾人談了幾句閑話，喝了一盃香茶，隨即收了謝禮，各自去了。先生走後，眾朋友亦與王武舉作別說：「孝廉公保重些，我們回去了，改日再來看你。」王武舉把頭點了一點，眾友各自走了。

周娘子見客走後，即叫兒子秋郎同玉娃到西村裏藥舖將藥辦回，用鑵子熬好傾在碗內，使秋郎雙手捧到書屋內來。才叫一聲阿爹用藥，只見父親圓睜雙目，狠狠的頓了一腳，嚇得秋郎連忙把碗放下，跑出外去，二次使他再不肯來。秋郎去後，王孝廉暗將藥傾在僻靜處，從此以後，只有玉娃進進出出，端茶遞水，至於使女僕婦，不敢到他門前，他若看見，便捶胸頓腳，論睛轂眼，瞋恨不了，故此都不敢來，就是周娘子念在夫妻之情，進來看他，他也不願。自他假中風之後，內外事務，都是娘子一人料理，也無空閑常來問他。凡親戚朋友來看望他兩次，見他如此模樣，也不再來。因此人人講說：「好一個王武舉，可惜得了壞病。」只這一句話，把他撇在冷落地方，清清靜靜，獨自一人在書屋內悟道修真，修行打坐，如此一十二年，大丹成就。

妻為朋來子為伴，渴飲茶湯飢餐飯，
看來與人是一樣，誰曉他在把道辦？
一十二年功圓滿，陽神頂上來出現，
世上多少修行人，誰能捨得這樣幹。

且說王武舉在家修成大道，能出陽神，分身變化，自己取了一個道號，名曰「重陽」。這王重陽那夜書屋打坐，正在一念不生，萬籟俱寂之時，猛聽得虛空中呼曰：「王重陽速上雲端接詔。」其聲徹耳，重陽忙縱上虛空，見太白星站立雲端，口稱玉詔下，王重陽跪聽宣讀，詔曰：

念爾重陽苦志修行，一十二載，毫無過失，今則道果圓滿，特封爾為開化真人，速往山東度世，早使七真上昇，功成之後，另加封贈，爾其欲哉。

金星讀詔已畢，重陽再拜謝恩，然後與太白星君見禮，星君曰：「真人速往山東度世，勿畏勞苦，有負帝心，他日蟠桃會上相見，再來敘談。」星君說罷，自回天宮，重陽仍歸書屋打坐。

那日早晨，玉娃送水來淨面，推門不開，急忙報與主母知道，周娘子同著兩個使女來到書房門來，恁般喊叫，門總不開，以為孝廉必死，遂將門拗脫，走進書屋，並不見人，周娘子又驚又慌，急命人四下找尋，全無蹤影，周娘子大哭，驚動村裏的人齊來探問，玉娃即將原由對村人說知，眾人皆曰：「這就奇怪，門又閂著，人不見了，難道升屋越壁不成？」

於是進內一望，並未拌一磚一瓦，又分幾路找尋，並無下落。內中有個通講究的人說：「你們不用去尋，我看王孝廉那個樣兒，定然成了神仙。」眾村人齊問曰：「怎見得他成了神仙？」那人曰：「他在這書房內坐了十二年，未曾移動一步，托名中風，實為絕塵，我嘗見他紅光滿面，眼內神光射人，不是神仙，焉能如此！」眾人聞言半信半疑，齊聲言道：「這麼說他定成了仙，駕雲上天去了。」周娘子聞言，方減悲哀，眾人各自散去。

又表王重陽那日在書屋借土遁離了大魏村，望山東而來，走了數千里地，並無甚麼七真，只遇著兩個人，你說哪兩個人？一個為「名」之人，一個為「利」之人。除這兩等人外，再無別樣人物，王重陽見無可度之人，仍回陝西。行到終南之下，見一土山綿亙百里，清幽可愛，不如用個剋土之法，遁入土之深處，潛伏埋藏，再待世上有了修行人，那時出來度他，也不為遲，於是捻訣念咒，遁入土內，約半個時辰，已到極深之處，有個穴道儘可容身，遂入穴內，以蟄其形，服氣調息，以存其命。

許大乾坤止二人　　一名一利轉流輪
七真未識從何度　　土內蟄身待後因

且說王重陽土內蟄身，不知天日，似乎將近半年，猛聽得嘩喇喇一聲如天崩地裂之勢，將土穴震開一條縫透進亮來，上面金光閃爍，知是師尊駕到，王重陽大吃一驚，慌忙縱上地裂，果見鍾呂二仙，共坐土臺，王重陽俯伏在地，不敢仰視，呂祖笑曰：「別人修道上天堂，你今修道入地府，看來你的功程與別人迴異，上違天心，下悖師意，有如是之仙乎？」重陽稽首謝罪曰：「非弟子敢違天意而悖師訓，實今山東原無可度之人，故暫為潛藏，以待世上出了修行之人，再去度他不遲。」

呂祖曰：「修行之人何處無之？只是你不肯用心訪察，故不可得也。譬如你當初何曾有心學道，非同祖師屢次前來點化，你終身不過一孝廉而已，安得成此大羅金仙？汝今苟圖安然，不肯精進，遂謂天下無人，豈不謬哉！

汝能以吾度汝之法，轉度於人，則天下無不可度之人。昔吾三醉岳陽人不識，輕身飛過洞庭湖，以為世無可度者，及北返遼陽，見金國丞相有可度之風，於是親自指點，丞相即解印歸山，修成大道，自號海蟾。劉海蟾效吾南遊，他又度張紫陽，張紫陽又度石杏林，石杏林又度薛道光，薛道光又度陳致虛，陳致虛又度白紫清，白紫清又度劉永年、彭鶴林，此七人俱皆證果，是為南七真也。當時吾以為無人可度，誰知他又度了許多人。天下之大，四海之闊，妙理無窮，至人不少，豈有無人可度之理！今有北七真邱、劉、譚、馬、郝、王、孫，屢次叮嚀，汝不去度，豈汝之力不及海蟾，非不及也，緣汝畏難之心，故不及矣。」

呂祖說罷，重陽頓開茅塞，惶恐謝罪，汗流夾脊，鍾離老祖叫他起來，站立旁邊，告曰：「非是汝師尊再三叮嚀，只因蟠桃會期在邇，要詔天下修行了道真仙，共赴此會，這蟠桃於崑崙山，一千年開花，一千年結子，一千年成熟，總共三千年方得完全。其桃大如巴斗，紅如烈火，吃一顆能活千歲。西王母不忍獨享，欲與天下仙佛神聖共之，故設一會，名曰『群仙大會』，每一會要來些新修成的神仙，會上方有光彩，若只是舊時那些仙真，遂謂天下無修行學道之人，王母便有不樂之意。上古時每一會得新進真仙一千餘人，中古時得新進真仙數百餘人，值茲下世，量無多人，故囑付汝早度七真，共赴蟠桃，與會上壯一壯威，添一添光彩。目下蟠桃將熟，汝若遷延日時，錯此機緣，又要待三千年方可赴會，可不惜哉！」

這一番話，說得透透徹徹，重陽真人復跪而言曰：「弟子今聞祖師之言，如夢初醒，今願重到山東度化，望祖師指示前程。」鍾離老祖曰：「地密人稠，汝必在人稠密地之中，混跡同塵，現身說法，自有人來尋你，你可從中開導，大功可成。此去遇海則留，遇馬而興，遇邱而止。」鍾離老祖說畢，即同呂祖乘雲而去。王重陽復向山東而來，一日，遊一個縣分，名曰寧海，乃山東登州府所管，重陽真人憶祖師之言，遇海則留，莫非應在此處？就在此地停留，手提一個鐵罐，假以乞討為名，如呂祖昔日度他之樣，以度於人，不知度得來否，且看下回分解。

混跡同塵待時至　　時來道果自然成

問題與討論／

1.王重陽裝病於清靜中修行而有成，今我們聖凡兼修，如何尋得清靜之道？

2.王重陽土內蟄身，欲待有修行人再度之，此作法對三期末劫身負廣度眾生之責的我們，有何警惕？

3.有人云：「現代的人愈來愈難度。」對於呂祖的一段話，帶給我們哪些省思？

第四回

談真空孫氏誨夫主　求大道馬鈺訪明師

天也空，地也空，人生渺渺在其中。
日也空，月也空，東升西墜為誰功。
田也空，地也空，換了多少主人翁。
金也空，銀也空，死後何曾在手中。
妻也空，子也空，黃泉路上不相逢。
朝走西，暮走東，人生猶如採花蜂。
採得百花成蜜後，到頭辛苦一場空。

話說王重陽來到山東登州府寧海縣，假以乞化為名，實欲探訪修行之人。這且不提，又說寧海西北有個馬家庄，庄內有個馬員外，名鈺，是個單名。父母棄世得早，又無弟無兄，獨自一人娶妻孫氏，小名淵貞。這孫淵貞容貌端莊，心性幽靜，且能識字觀書，追古窮今，不愛捉針弄線，挑花繡朵，雖是女流身分，卻有男子氣慨，大凡馬員外有不決斷的事情，必來咨問，只在孫淵貞一言半語，頓絕疑惑。所以，他兩口兒相敬如賓，情同師友，只是膝下並無一男半女，眼看已到中年。

迅速光陰不可留　　年年只見水東流
不信試把青菱照　　昔日朱顏今白頭

這幾句詩講的是光陰似箭催人老，日月如梭趁少年。這馬員外夫妻看看年近四十膝下無兒，馬員外那日對孫淵貞說道：「你我二人離四十歲不遠，膝下乏嗣無後，這萬貫家財，也不知落於何人之手？」孫淵貞曰：「三皇治世久，五帝建大功，堯舜相揖遜，禹疏九河通，成湯聘伊尹，文王訪太公，五霸展謀略，七雄使心胸，嬴秦吞六國，楚漢兩爭雄，吳魏爭漢鼎，劉備請臥龍，東晉與西晉，事業杳無蹤，南魏與北魏，江山屬朦朧，唐宋到於今，許多富貴翁，試問人何在？總是一場空。自古及今數萬餘年，帝王將相幾千餘人，到頭盡空，轉眼皆虛，你我夫妻，把前後的事一齊付之於空，只當天下莫得我們，這一家父母未生我二人。」馬鈺聞言笑曰：「別人雖空，猶有苗裔，我們這一空，連根都空斷了。」孫淵貞曰：「空到無根，是為太空。」

空到極時為太空　無今無古似洪濛
若人識得太空理　真到靈山睹大雄

孫淵貞又曰：「若說有子無子，有子也空，無子也空，文王當年有百子之說，於今有幾個姓姬的人？誰是他萬代子孫？有幾人與他掛掃墳臺？又相傳張公藝九男二女，郭子儀七子八婿，竇燕山五桂聯芳，劉元普雙萼競秀，此數人皆斯衍慶，子嗣繁盛者也，如今又有幾個兒孫在那裏？依然悽風冷雨，荒臺古墓，愁雲滿天，蓬蒿遍地，豈不是有無都歸於空也。孤墳壘壘，難道盡是乏嗣之人？佳城鬱鬱，未必定有兒孫之輩。我想人生在世數十年光景，只在須臾之間，好比石火電光隨起隨滅，又如夢幻泡影非實非真。大廈千間不過夜眠七尺，良田萬頃無非日食三餐，空有許多美味珍饈，枉自無數綾羅綢緞，轉眼之間無常來到，瞬息之內萬事皆休，丟下許多榮華，不能享受，枉有無數金錢，難買生死，枉自變人一場。」

經營世故日忙忙　　錯認迷途是本鄉
古往今來皆不在　　無非借鏡混時光

孫淵貞又對馬員外曰：「我們於空無所空之處，尋一個實而又實的事情，做一番不生不滅的工夫，學一個長生不死之法。」馬員外曰：「娘子妄言了，自古有生必有死，那有長生不死之理，從來有始必有終，那有久作不息之事？」孫淵貞曰：「妾嘗看道書，有煉精化氣，煉氣化神，煉神還虛，使真性常存，靈光不滅，即是長生之道。若學得此道，比那有兒女的人，更強百倍！」馬員外曰：「話雖這樣講，精又如何能使之化氣？氣又如何能使之化神？神又如何使之還虛？怎得真性常存？焉能靈光不滅？」孫淵貞說：「你要參拜師傅，方能得此妙理。」馬鈺曰：「我便拜你為師，你可傳我功夫。」淵貞曰：「妾乃女流之輩，不過略識得幾個字，看過幾本書，焉能解悟妙理？若要真心學道，離不得參訪明師。」馬員外曰：「參師訪友，是我生平所好，但修道之人要有根基，若無根基，成不了仙，作不了佛，所以我自量根基淺薄，再不言修道二字。」孫淵貞曰：「夫君之言差矣，但在世上變人，俱是有根基，若無根基，焉得變人？不過深淺之不同耳。根基淺者六根不全，或眼失於明，耳失於聰，手缺腳跛，痴聾瘖啞，鰥寡孤獨，貧窮下賤，此根基之淺者也。至於根基深者，或貴為天子，富有四海，或尊居宰輔而管萬民，或身為官宦，聲名顯耀，或家道豐裕，樂享田園，六根完好，耳目聰明，心性慈良，意氣和平，此根基之深者也。世間所重者富貴，這富貴之人又比那尋常之人，根基分外深厚，若再做些濟人利物的事兒，越把根基培大了，成仙成佛成聖賢，俱可以成也。所以說根基要隨時培補，不可以為一定是前生帶來的。若果是前生帶來，又何愁來生帶不去？譬如為山，越累越大，越累越高，休說我們無根基，若無根基，焉能享受這偌大家園，以及呼奴使婢，一呼百諾，如此看來，也算大有根基之人也。」

馬員外本是好道之人，不過一時迷昧，今聞孫娘子剖析分明，義理清楚，恍然大悟，即站起身來謝曰：「多承娘子指示，使我頓開茅塞，但不知這師傅又到何處去訪？」孫淵貞曰：「這卻不難，我嘗見一位老人手扶竹杖，提個鐵罐，神氣清爽，眼光射人，紅光滿面，在我們這裏團轉乞化，很有幾年，容顏轉少，不見衰老，我看此人定然有道。待他來時，接在家中，供奉於他，慢慢叩求妙理。」馬員外曰：「我們偌大家園，應該做些敬老憐貧的事，管他有道無道，且將他接在家中，供奉他一輩子，他也吃不了好些，穿不了許多，我明日便去訪問如何？」孫淵貞曰：「早修一日道，早解脫一日，事不可遲。」

丟下馬員外夫妻之言，又說王重陽自到寧海縣一待幾年，此時將玄功做到精微之地，活潑之處，能知過去未來之事，鬼神不測之機，神通具足，智慧圓明，便曉得度七真，要從馬員外夫妻起頭，正合著鍾離老祖遇馬而興之言，故去去來來，總在這團轉乞化，離馬家莊不遠。如此數年，也曾見過馬員外幾回，知他大有德性，也曾見過孫淵貞兩次，知他大有智慧，欲將他二人開示一番，又道醫不叩門，道不輕傳，非待他低頭來求，志心叩問，不可言也。因他在這團轉乞化多年，個個俱認得他，都以為是遠方來的孤老貧窮無靠之人，在此求吃，誰曉得是神仙？那識他是真人？偏偏出了這一個孫淵貞天下奇女，蓋世異人，又生了這一雙認得好人的眼睛，就認得那貧窮無靠的孤老，是位真仙，對丈夫說了，要接他到家中供養求道，遂使七真陸續而進。論七真修行之功，要推孫淵貞為第一。

生成智慧原非常　識得神仙到北方
不是淵貞眼力好　七真宗派怎流芳

話說馬員外聽了妻子孫淵貞之言，即出外對看守莊門的人說：「若見那提鐵罐的老人到此，急速報與我知。」這看門的人，連聲答應。那一日馬員外正在廳上坐著，忽見守門之人前來報道：那提鐵罐的老人來了。馬員外聞言，即出莊來迎接。這也是王重陽老先生的道運來了，正應著鍾離老祖所說，自有人來尋你之言。但不知馬員外來接先生，又是如何？且看下回分解。

神仙也要等時來　時運不來道不行

問題與討論／

1. 俗云：「不孝有三，無後為大。」對於孫淵貞的剖析，你的看法如何？
2. 何謂根基？如何才是根基深厚或根基淺薄？
3. 真人不露相，要參訪明師求長生之道，應抱持何種心態？

第五回

馬員外勤奉養師禮　王重陽經營護道財

仙佛聖賢只此心　何須泥塑與裝金
世間點燭燒香者　笑倒慈悲觀世音

這四句詩講的是，成仙成佛成神聖都在這心內用功夫。心正而身亦正，所行之事亦正，心邪而身亦邪，所行之事亦邪。故修行之人，必先正其心而後誠其意。蓋心不正而意不誠，意不誠，妄念百端，永失真道。古人有詩云：「妄念一生神即遷，神遷六賊亂心田，心田一亂身無主，六道輪迴在目前。」又曰：「六道輪迴說不完。畜生餓鬼苦千般，勸君勿妄起貪念，一失人身萬劫難。」所以說仙佛聖賢只此心，此心不可不正，此意不可不誠，若不正心誠意，徒以塑像裝金，燒香點燭，有何益哉？笑倒觀世音者，笑世人不能正心誠意而講修行，徒以燒香點燭而邀福澤，是不知此心之妙也，故發笑耳。閑言少敘，書歸正傳。

又說馬員外聽說提罐的老人來了，即忙出外接著，拜請老人到家內。那老人隨著他來到廳上，竟自坐在椅兒上，大模大樣，氣昂昂的問曰：「你叫我進來，有何話言？」馬員外曰：「我見你老人家偌大年紀，終日乞討，甚是費力，不如就在我家內住下，我情願供養於你，不知你老人家意下如何？」話未說完，那老人勃然變色說道：「我是乞討慣了的，不吃你那無名之食。」馬員外見老人變臉變色，不敢再言，抽身進內，對孫淵貞說：「那提鐵罐的老人被我請在家內，我說要供養他，他言不吃我無名之食，眼見是不肯留之意，因此來問你，看你怎樣安頓？」孫淵貞聞言笑曰：「豈不聞：『君子謀道不謀食，小人謀食不謀道。』你見面便以供養許他，是以飲食誘之也，君子豈可以飲食誘之乎！是你出言有失，話不投機，待我出去，只要三言兩語，管叫老人安然住下。」

非是先生不肯留　　只因言語未相投
淵貞此去通權變　　管叫老人自點頭

且說孫淵貞來到廳前，見了老人拜了一拜，道了個萬福，只見那老人笑曰：「我乃乞討之人，有何福可稱？」孫淵貞曰：「你老人家無罣無礙，逍遙自在，豈不是福耶？不憂不愁，清靜無為，豈不是福耶？這塵世上許多富貴之家，名利之人，終日勞心，多憂多慮，妻恩子愛，無休無息，雖曰有福，其實未能受享，徒有虛名而已，怎似你老人家享的真福！」那老人聞言，哈哈大笑曰：「你既知逍遙自在是福，清靜無為是福，怎不學逍遙自在？怎不學清靜無為？」孫淵貞曰：「非不學也，不得其法也。欲逍遙而不得逍遙，欲清靜而不得清靜。」老人曰：「只要你肯學，我不妨教你。」孫淵貞曰：「既你老人家肯發心教我，我們後花園內有座邀月軒，甚是清靜，請你老人家到裏面住下，我們好來學習。」老人點頭應允。

說話投機古今通　先生今日遇知音
知音說與知音聽　彼此原來一樣心

且說老人聞淵貞之言，心中甚喜，點頭應允。馬員外即叫家人馬興將後花園邀月軒打整潔淨，安設床帳被褥，桌椅板凳，一應俱齊，即請老人入內安身。又撥一個家童，名叫珍娃，掇茶遞水，早晚送飯。又說馬員外對孫淵貞曰：「我們同那老人講了半日話，未知他姓名，我去問來。」孫娘子說：「大恩不謝，大德不名，止可以禮相遇，何必定知其名？祇呼為老先生，便是通稱。」馬員外不信，定要去問，孫淵貞攔擋不住，只得由他去問。馬員外來到後花園邀月軒，見老人在榻上打坐，馬員外走攏跟前，說道：「敢問你老人家高姓尊名？家住何方？為甚到此？」一連問了幾遍，老人圓睜雙目，高聲答曰：「我叫王重陽，家住在陝西，千里不辭勞，為汝到這裡。」

馬員外聞言吃了一驚，說道：「老先生原來為我才到這裏。」王重陽拍手大笑曰：「咱正是為你才到這裡。」馬員外又問老先生為我到這裏，到底為何？王重陽曰：「到這裏為你那萬貫家財。」馬員外聽了這句話，又好笑，又好氣，老著嘴臉，抵他一句說：「你為我這萬貫家財，難道說你想要嗎？」王重陽答曰：「我不要，我便不來。」這兩句回言，氣得馬員外面如土色，急自出去。

先生說話令人驚　世上未聞這事情
平白要人財與產　其中道理實難明

且說馬員外出了邀月軒，邊走邊想，自言自語：這老兒好沒來頭，動不動便想別人的家財，虧他說出口來，連小孩都不如，還有甚麼道德？回到上房坐下，默默不語。孫淵貞見他臉色不對，必定又受了那老人的話，遂笑而言曰：「我叫你莫去問，你卻不信，定要去問，總是你問得不合理，被老先生言語衝突了，須要放大量些，不要學那小家子見識。」馬員外聞淵貞之言，顏色稍和，遂對淵貞曰：「我想那老兒是有德行的人，誰知是一個貪財鬼。」孫淵貞問道：「怎見得他是貪財之人？」馬員外便把王重陽要家財之言說了一遍。孫淵貞聽畢說道：「王老先生要你家財必有緣故，你怎不問個明白，常言道：『千年田地八百主。』這財產是天地至公之物，不過假手於人，會用的受享幾十年，或幾輩人，不會用的，如雨打殘花，風捲殘雲，隨到手隨就化散了，又到別人手裏，所以說財為天下公物，輪流更轉，周流不息，貧的又富，而富的又貧，那有百世的主人翁，千年的看財奴？」

萬貫家財何足誇　　誰能保守永無差
財為天下至公物　　豈可千年守著他

且說孫淵貞勸丈夫馬鈺曰：「王老先生要我們這家財必有原因，只要他說得合理，無妨相送於他，況我們無兒無女，這家財終久要落在別人手裏。」話未說完，馬員外笑曰：「娘子說得好容易，我先輩祖人從陝西搬到山東，受盡千辛萬苦，掙下這一分家產，我雖不才，不敢把祖宗的苦功血汗白送與人。況且我們夫妻才半世年紀，若將家財捨與別人，我們這下半世又如何度日，又吃啥穿啥，豈不誤了大事？」孫淵貞曰：「枉自你是個男兒漢，卻這般沒見識，我們把家財送與他，是求他長生之道，既有了道，便修成了神仙，要這家財何用？」又曰：「一子成仙，九祖超昇。怎麼對不過先祖？看來這一個道字，比你萬貫家財值價多。」

金銀財寶等恆河　不及道功值價多
財富雖多終用盡　道功萬古不消磨

且說馬員外聽了孫淵貞之言，說道：「娘子之言，非為不美，倘若修不成仙，豈不畫虎不成，反類其犬？」孫淵貞曰：「人要有恆心，人而無恆，不可以作巫醫，何況學神仙乎？有志者事竟成，無志者終不就，只在有恆無恆，有志無志，常言神仙本是凡人做，只怕凡人心不專。只要專心專意做去，自然如求如願得來，歷代仙佛哪一個不是凡人修成？難道生下地來，便是神仙麼？」馬員外聞言點頭稱善。

到了次日，到邀月軒來見王重陽說道：「老先生昨日說要我這分家財，但不知老先生要這些錢財以作何用？」重陽先生正色而言曰：「我意欲廣招天下修行悟道之士，在此修行辦道，將你這些錢財拿來，與他們養一養性，護一護道，使他們外無所累，內有所養，來時安安樂樂，去時歡歡喜喜。」重陽先生將這真情對馬員外說了，馬員外聞聽此言，心中方才悅服，但不知把家財捨與不捨，且聽下回分解。

能做捨己從人事　　方算超凡大聖人

問題與討論／

1.「仙佛聖賢只此心，何須泥塑與裝金，世間點燭燒香者，笑倒慈悲觀世音。」你對這首詩有何看法？

2.修行過程中，因言語不投機或他人一句不中聽的話而退道者，大有人在，讀了此章，給予我們哪些啟示？

第六回

孫淵貞勸夫捨家財　馬文魁受賂通權變

萬法皆空何所求　借財護道養真修
暫將此物通權變　他日依然一概丟

話說重陽先生將「借財護道，招集修行人」之言對馬鈺說明，馬員外悅服，向先生言曰：「你老人家如此說來，是個大有道德之人，我與拙荊孫氏，都願拜你老人家為師，不知先生意下如何？」重陽曰：「只要你夫妻真心修道，我則無可無不可。但必須先捨家財，而後傳汝至道，可使一心一意，免得常牽常掛。」馬員外曰：「你老人家要用銀錢只管去用，我並不吝嗇，又何必捨？」王重陽曰：「不捨終是你的，我不得自由自便。」馬員外曰：「田地在外，銀錢在內，我去將契約賬據呈上來，交與老人家，便是捨也。」重陽先生曰：「契約姑存汝處，只須請憑族長。立一紙捨約，便可為據。」馬員外變喜為憂，辭了先生，轉回上房，將重陽之言對孫淵貞說知。又曰：「依我看來，此事不妥。」淵貞曰：「怎見得不妥。」馬員外曰：「難道娘子不知我們這族內人之心麼？」淵貞曰：「人各有心，焉能盡知。」馬員外曰：「我們這族內之人，見我們夫妻乏嗣無後，一個個都想分絕業，只等我兩口兒一死，這家財田地俱歸他們了，焉肯叫我把家財捨與別人，我故曰不妥。」孫淵貞曰：「這也不難，你明日請幾位得力的族長來商量商量，他們若依從便罷，若不應允，你可如此如此，他們定然樂從，包你此事成就也。」馬員外聽了笑道：「娘子果有才情，這事多半能成。」即喚馬興去請族長，准於明日午前取齊。馬興去請族長，自不必提。

到了次日，族長來至，又跟了一些同班的弟兄，與其下輩的子侄，都默想有席桌來吃喝，當下這些人到廳內，分班輩坐下，有一位倫輩最高的，名叫馬隆，是個貢生，當時馬隆問馬鈺曰：「你今請我們來，有何話說？」馬鈺說：「孫兒近年以來常患啾唧，三天莫得兩天好，一人難理百人事，更兼你那孫兒媳婦，屢害老昏，難以管事，今有陝西過來一位王老先生，是個忠厚人，是我留在家中，我意欲將家園付與他料理，我同妻子吃碗閒飯，他說好便好，要我請憑族長與他出一張捨約，因此我才請各位尊長來商量，就出一張捨約與他罷。」馬員外話才住口，惱了一位堂兄，名叫馬銘，這馬銘站起身來，指著馬鈺說道：「你痴了嗎？憨了嗎？胡言亂語，祖宗基業，只可保守，那有捨與別人之理，你受了誰人籠哄，入了恁般圈套，說出這不沾因的話來。」馬員外自知其理不合，見他作惱，不敢再言。

有個堂叔馬文魁，是位儒學生員，又有個堂兄馬釗，是位國子監太學生，這兩位縉紳，是馬族中兩個出色的人才，凡有大小事務，全憑他二人安頓，或可或不可，只在一言開消。這馬文魁是有權變之人，當時見馬銘搶白馬鈺，隨口接著說：「是不要埋怨他，你們這員外是個老實人，埋怨他無益，可去叫那王老先生出來，待我問他一問，看他是何緣故？」說畢，即叫馬興去喚來。馬興去不多時，即將老先生請到廳前，他也不與別人見禮，別人也把他全不放在眼裏。馬銘一見大笑曰：「我想是哪一個王老先生，卻原來是那討吃的孤老。」馬文魁對重陽先生曰：「你這老漢在我們地方上乞討數年，未聞你有何能為，不知我家員外看上你那一宗，把你接在家，有穿有吃，足之夠矣，就該安分守己過活時日，以終餘年，為何蒙哄我姪子，叫他有家財捨與你，你五六十歲的人，未必全不懂事，天下那有這道理說出唇來，豈不怕人恥笑？」

馬文魁說畢，重陽先生答曰：「我生平莫得能為，不過是窮怕了，故叫他把這家財讓與我，等我過幾年快活日子，管他們恥笑不恥笑。」話未畢，有馬富、馬貴跳過來，向著重陽先生面上啐了幾啐說：「你這不要臉的老兒，歪嘴丫頭想戴鳳冠，黃鼠狼想吃天鵝肉，枉自你活了幾十歲，說這不害羞的話，令人可惱。」馬富對馬貴說：「我們休得嚷鬧，只把他逐出莊去，便是好主意。」說罷，要來揶扯，只見馬釗前來擋住說：「不必趕他，念他是個孤老，我們員外既留他，儘他去罷，只不許員外捨業就是了。」馬富馬貴方不動手。馬員外向馬貢生耳邊不知說了些甚麼言語，只見馬隆對眾人說：「是你們這些娃兒不消鬧嚷，各人回去罷，我自有個定妥，我不叫他捨，他焉敢捨！」這個老貢生是馬族中一個總老輩子，誰敢不從，於是各自歸家。

馬員外暗將馬隆、馬文魁、馬釗三人留下，請到書房坐下，款以酒食，老貢生坐在上頭，馬秀才下首相陪，馬監生在左，馬員外在右，方才坐下，即有家人小子傳盃遞碗，把盞提壺，美味佳餚，自不必說。酒過三巡，馬員外站起身來說道：「三祖、二叔、大哥俱在此，我馬鈺有椿心事要與三祖和二叔商量商量。」馬秀才曰：「你有啥話只管說來，我們大家揣摩。」馬員外說：「我豈當真把家資捨與王重陽麼？不過暫叫他與我看守幾年，我得清閒清閒。」馬釗曰：「叫他看守倒不要緊，又何必立甚麼捨約。」馬員外曰：「大哥不知，這無非一時權變，欲使他真心實意與我看守，我也得放心，他也可不怠。」馬文魁曰：「你這道理，我卻不明白，你可慢慢說與我聽。」馬員外曰：「二叔聽小姪說來。只因小姪多病，你那姪媳亦屢患頭昏，難以料理事務，久欲尋一個忠厚老實的人替我經營。幸得天從人願，來了這位王老先生，是個極忠厚老實之人，我有心把家園付與他料理，因此對他說，你好好的把這家務經營，要當成自己的家園一樣，不可三心二意。那老先生不會聽話，他即問我曰：『你叫我將這家財當成我自己的一樣，難道你把這家財捨與我不成？』我見他說這痴話，我便隨他這痴話答曰：『捨與你就捨與你，有啥難頭？』明明是一句戲言，他卻信以為實，要我請憑族長與他他立一紙捨約，我想他是一個孤人，又無三親六眷、親戚朋友，使捨與他，他也搬不到何處去，況且上了年歲，又能再活幾年？就與他立張紙約，且圖他一個喜歡，等他好替我專心專意經理，我卻享享清閒，養養疾病。他死之後，家財仍歸於我，有何損傷，望二叔與我作主，成全此事。」

馬秀才曰：「族內人眾我也作不了主，可問你三祖爺，看是如何。」馬文魁話未說畢，老貢生馬隆搖首曰：「我一輩不管二輩，我也作不了主，看馬釗如何說話。」馬監生曰：「有族長在前，我焉敢自專。」馬員外曉得空口說空話不行，即進內去，取了一種寶貝出來，在他們眼睛上一幌，便把他們迷住了，由不得他不作主，你道這個甚麼寶貝？

白森森又硬又堅　　明幌幌有圓有方
有了他百事可做　　莫得他萬般無緣

且說馬員外將這寶貝與他三人各獻了些，他們得了這寶貝，眼睛都笑合了縫，不得不轉口過來。馬貢生即對馬秀才曰：「馬鈺適才講得明白，不過借捨約拴那老兒的心，使他好專心照理家務，也是無礙之事。」馬秀才曰：「雖然權變一時，必須大家湊力。」馬監生曰：「只要三祖爺與二叔父肯作主，那些人自有我去安服他們。」馬文魁曰：「再不然，我與你三祖爺兩個作主，但不知你怎麼樣安服眾人。」馬釗向他耳邊說了幾句，馬文魁喜曰：「妙妙！如此說法，何愁他們不服。」當時起身對馬鈺說：「你只管放心，包你能成。」但不知這捨約怎樣立法。且看下回分解。

有了銀兩大事就　　何愁捨約立不成

問題與討論／

1. 王重陽為何要馬員外先捨家財，再傳給他至道？
2. 馬員外捨家業之作法，給予我今日修道人哪些啟示？

第七回

賄族長馬鈺立捨約　談玄功重陽傳全真

流水迅速莫蹉跎　名利牽纏似網羅
萬丈懸岩撒手去　一絲不掛自無魔

話說馬員外用了孫淵貞之言，將族內三個當事人賄賂通了。馬文魁遂使馬釗對族中人言曰：「馬鈺說捨家財之事，才是一計。」眾族人問曰：「是一啥計？」馬釗答以：「留虎守山之計。」眾族人又問：用此計是個甚麼心事？馬釗曰：「馬鈺要想樂清閒，故留那老只做箇看財奴。」眾族人又問：

怎見得留他做看財奴?馬釗曰:「馬鈺見那老兒是個忠厚人,要留他料理家園,又恐他不肯用心,故假說把家財捨與他,他便認以為真,要索捨約,馬鈺想不與他立紙捨約,又恐他不肯用心看守,故此邀約我們做個見證,就與他寫張文約,拴著他的心,使他實心實意看守,豈不是留虎守山麼?」眾族人曰:捨與他就是他的了,他焉得不看守?馬釗曰:「他分毫都拿不去,怎麼說是他的?」眾族人曰:怎見他分毫拿不去?馬釗曰:「他是遠方來的一箇孤老,莫得親人,又偌大年紀,吃不了好多,穿不了好多,眼睛一閉,空手來時空手去,原業仍歸舊主人。那老兒白白替人看守一場,豈不是看財奴?」眾族人聞言俱笑。馬釗又以利誘之曰:「那老兒死後,家財仍歸馬鈺,馬鈺乏嗣無後,何愁不落在我們子姪手內。如今順水流舟,做一個假人情,圓他一個心願,我看那老先生也是有情有義的人,我們把此事作成,日後有少長短缺,也好與他借貸,所以說:當面留一線,過後好相見。」眾族人聞馬釗之言,俱皆樂從。

言語原來不在多　片言都可息風波
若非受賄了私事　總有好言也錯訛

話說馬釗見眾族人應允了，約於明日取齊。到了次日，眾族人來到馬員外家中，見老貢生馬隆陪著王重陽先生坐在廳上，說說笑笑，指手畫腳，談天論地，親熱不了。馬文魁吩咐馬員外多辦席桌，安排酒餚，見族人俱來齊，即開言說道：「族中長幼尊卑人等，俱已在此，今有馬鈺願將家財捨與王重陽老先生，不知你們依從不依從？」這些人都是馬釗說對了的，哪一個不依允？當下齊聲應曰：「我們俱已願從，並無異言。」馬文魁即叫馬鈺寫了捨約，拿來唸與眾人聽，馬文魁揭著，使馬釗唸曰：

「立出捨約人馬鈺，今將祖父所遺家園、田產、房屋、銀錢、貨物，家人、小廝、僕婦、使女、家具、器田、使物等件，一并捨與王重陽老先生名下管業，任其自由自便。馬姓族內人等，並無異言，馬鈺自捨之後，亦不得退悔，恐口無憑，立約為據。族長馬隆、馬文魁、馬文賢、馬文玉。在證人馬釗、馬銘、馬鑑、馬鎮。立捨約人馬鈺是實。」

馬鈺將捨約唸畢，仍交與馬鈺。馬鈺雙手呈與重陽先生，先生接了，即吩咐開席，大塊吃肉，大盃喝酒，儘他們吃個醉飽方才散去。詩人讀至此處，有詩單道馬鈺當年捨業勇決，故此成道亦快。詩曰：

家財捨盡慕修行　一物不留慾怎生
此日早將妄念了　他年故得道先成

且說馬員外見族人散去，方入內房。馬員外曰：「若非娘子教我如此如此，焉能將此事做得成。」孫淵貞笑曰：「凡事順理做去，無不成也。」馬員外說：「成倒成了，我們求道之事，又怎樣去求？」孫淵貞曰：「求道之事須緩緩進步。待先生養息幾日，我們同去拜師。」馬員外連聲稱妙。不提馬員外與孫淵貞商量求道之事，又說王重陽先生，一心召集天下修行之人，在此修真養性，猶恐四鄰揑造謠言，滋生事端，免不得先要施些惠澤，使人人懷惠，個個沾恩，方為我用。於是廣行方便，多施仁德，或錢或米，不時周濟貧窮與鰥寡孤獨之人。馬家族內有少長缺短之事，必幫湊一二。男不能婚者，必使之婚；女不能嫁者，必使之嫁。凡有疾病喪葬，無不周全。有借貸不還者，也不尋人討索。正應馬釗說他有仁有義之言。故此內外肅靜，上下相安，任隨先生召集多人，在此講道談玄，再無閑言閑語，有頭有腦，全始全終，皆施惠於人之力也。凡為人上者，或富貴之家勿以慳吝居心，而不施惠於人矣。後人讀書至此，有詩嘆曰：

慳吝居心事不成　閑言閑語隨時生
若非王祖能施惠　焉得連年享太平

且說王重陽先生既施惠於外，又經營於內，乃創建十餘座茅庵於後花園之側，以備修行人養靜之所。諸事已妥，先生即移在當中一座茅庵悟功。一日，馬鈺同淵貞夫妻二人來到茅庵，雙雙跪下，向先生求道，重陽先生曰：「道者，覺路也，使人歸於覺路而出迷途也。然必由淺入深，以小致大，依次序做去，方可有功。但凡學道者先要煉性，蓋性本先天之物，必須將他煉得圓陀陀，光灼灼，方為妙用。夫性與情連，性情發動，如龍虎之猖狂。若不煉之，使其降伏，焉能去其猖狂，而歸於虛無也。煉性之道，要混混沌沌，不識不知，無人無我，煉之，方得入法。降龍伏虎之道既行，又必鎖心猿而拴意馬。所謂心猿意馬者，心如猿猴之狡，意如烈馬之馳，故必拴之鎖之，使猿無所施其狡，馬無所逞其馳，使歸於靜定。靜定之功，能奪天地造化，陰陽妙理，能靜則萬慮俱消，能定則一念不萌，順而行之為凡，逆而行之為仙，要使心內無一毫雜念，莫一點障礙，空空洞洞，不著一物，杳杳冥冥，莫得一樣，所謂一絲不掛，一塵不染，此乃道之大略。更有深奧不可名狀，只可心領意會。待汝進步之後，吾必與汝點。馬鈺更取道號丹陽，孫淵貞更取道號不二，是永無二心之意。」

道號取畢，馬丹陽、孫不二同齊拜謝了師傅，轉歸內房。孫不二對馬丹陽曰：「未拜師學道之前是夫妻，如今同拜師傅，習學妙道，是為道友，我稱你為師兄，你呼我作道友。再者，學道之人要絕恩愛，必要分房另居，不得你私自到我這裏來，我也不私到你那裏去，有事商量，可命使女往來兩下相請，同到前廳議敘。」馬丹陽曰：「憑在於你，我無不可，你能真心，我也能實意，便一年半載不到你房裏來，也是無妨。」丹陽說畢，即叫馬興來抱了毯氈被褥，在前面廂房鋪設床帳，辭了孫不二，來到廂房安身。後人有詩言他夫妻分房勇決，故成道亦易。

大道原來不戀情　戀情焉得道功能
且看馬祖當年事　夫妻分房意最誠

且說孫不二自與馬丹陽分房之後，不覺半月，一日喚使女來請馬丹陽，同去茅庵問道。馬丹陽即離了廂房，來會孫不二。兩人同到茅庵，參見先生問曰：「師傅昨言性是先天之物。敢問先天何所似？」重陽先生曰：「先天者，渾沌一氣也，無色無聲，不識不知，有何所似，有言似者，便非先天也。似之一字，便失妙諦，不可以似言之，但言先天有所似，即著於相也。一著於相，便失先天之禮。人言先天在這裏，這裏已屬於不是。人言先天在那裏，那裏也非先天義。說來說去無一物，即將一字來擬議，休說一字是先天，一字原來也不是。你今欲知先天理，筆下與你判詳細。」重陽先生說罷，提筆在手，要判先天妙諦，不知怎樣判法，且看下回分解。

性本先天最靈物
能煉真性即先天

問題與討論／

1. 為何修道之人不可慳吝居心，應廣行方便，多施仁德，施惠於人？
2. 試述馬孫二人拜師後，王重陽給予開示修行築基之要？

第八回

談先天真一妙理　除魔根不二法門

心外求仙路就差　水中月影鏡中花
先天妙理君知否　只在一心便可誇

話說重陽先生對丹陽、孫不二曰：「性本先天一物，圓陀陀、光灼灼，雖有其名而無其形，不識不知，難畫難描，有何所似。吾今為汝等勉強圖個形像，汝當自識。」先生說罷即取筆在手，向紅漆凳兒上先畫了一個圈圈○，後又畫一個圈圈，於圈圈之內點了一個⊙。畫畢，即向馬丹陽孫不二曰：「汝二人可識此義理麼？」馬丹陽與孫不二齊聲答曰：「弟子等心性愚昧，不能識此義理，望師傳指示。」

重陽先生曰：「頭一個圈兒，是渾渾沌沌，天地未分，日月未判之象，名曰『無極』。無而生有，故於圈內生出一點，是名『太極』。這一點生天生地生萬物，這先天由太極而生，這一點即為一氣，故曰先天一氣。這性從先天而發，發於未有其身之前，著於已沒有其身之後。這一點靈性，是不生不滅之根，故曰靈根。這靈根無人不有，只是凡人自昧耳，自昧者自迷耳。自迷本性，遂使妄念齊生，邪侈隨念而入，永失先天，不聞大道也。苦海無邊，何所是岸。嗟乎！悟道者無幾人，行者少實參，先天隨處皆可驗，莫以人心問先天，若以人心問於先天，先天原不可得，持道心問於先天，先天即在目前。人心者，即一心暗昧貪求之心也，道心者，即天良發現之心也。天良既發現，先天不求而自得也。又要卻病：卻病者，非卻風寒暑熱之病，要卻貪嗔痴愛之病，此病一卻，百病不生，可以延年益壽，可以成佛作仙，為聖為賢。今將這一部工夫傳於汝等，當勉而行之。除病之道，要除病根，尋著其根，病不難除也。其病多半從貪嗔痴愛得來，又由酒色財氣所致，是故修行之人，必先除酒色財氣，去其外感，後絕貪嗔痴愛，去其內傷，病根自拔，病體自癒，然後大道可修，長生可得。

今指酒字而言，有人知酒之為害於道也，誓必除之。及見酒，猶津津以戒自持，或因人勸，或見人行令，而遂有欲飲之意，本不曾飲，而此意一起，即如飲也，此乃酒之病根也。除者須於起意之時除之，方能拔淨其根。有人知色之為害於道者，誓必除之。及見色，猶念念以戒自持，或嬌姿獻媚，窈窕呈情，而心意頗動，遂有羨慕之情，本不曾通，而此情一起，即如通也，此乃色之病根也。除者須於起情之時除之，方可盡去其根。

可見酒色之病根，皆藏於心意之間，欲去病根之道，先正其心，後誠其意，而病根自斷也。其病根之不斷者，由心意之未正也。心意未正，偶發一念，雖不曾飲，而此意已欲飲也；雖不曾通，而此情已欲通也。先時原無此想，因感外而動內，猶水中之月，岸石激水，水動則月亦與俱動，雖無其實，而形影已搖也，真道不可得也。欲求斷根之法，儒有非禮勿視，非禮勿動，見如不見，聞如未聞；釋有忘人、忘我、忘眾生之語；道有視之不見，聽之不聞之說，此皆可以鋤酒色之病根也。

至於財字難言矣，有因道緣未就，而暫作計較者，有因身家甚窮，而姑求生活者，其勢不得不然，尚有略跡原心之例。其餘若講門面者，有講聲勢赫奕，衣服飲食者，有講田園廬舍者，以及奇技巧淫者，常在名場利藪中打滾，屢於算盤斗秤內苛求，既欲求名求利，又欲成仙成佛，這個樣兒也來學道，豈不可笑！

至於氣字，人人未平，剛氣誰人有？正氣誰人養？不過使一切淨氣、躁氣、血氣、俗氣，或於貌上流露，或於言中爭勝，或於事中爭強，或於忿中逞雄，認氣不認理，安有浩然之氣哉！如此等人，也來學道，豈不可笑！此等病根，欲求斷絕之法，儒曰：『不義之富貴，於我如浮雲。』又曰：『持其志，勿暴其氣。』釋曰：『不受福德，得成於忍。』道曰：『悉破慳貪，慈心下氣。』此皆可以除財氣之病根也。

以上四端，欲斬斷病根，必正其心念，儒在乎醒，釋在乎覺，道在乎悟，能醒、能覺、能悟，則天下事看得透徹也。」

重陽先生說除病之理已畢。馬丹陽、孫不二又問打坐之工如何用法。重陽先生曰：「靜坐忘情，止念心死神活，厚鋪坐褥，寬解衣帶，於子時，向東微微盤膝打坐，握固端身，叩齒嗞津，舌抵上顎，耳以反聽，微開其目，以垂眼簾，以神光返照於臍下，故曰玄關。靜坐之工，須止妄念，有一毫妄念，則神不純陽，而功難成也，又要忘情，情不忘則心緒不寧，道亦難成也。

厚鋪坐褥者，使可耐坐而身不倦也；寬衣鬆帶者，使氣得以行住也。子時者，乃陽氣發生之時也；而向東者，取生氣也。盤膝而坐者，收養神氣也；握固者，即拳手以兩拇指掐第三指，為忘形也。端身直脊者，使兩間通達而氣不擁塞也。唇齒相叩，使重樓無耗氣之患，口乃氣竅，口開則氣散，故宜閉之耳。返聽者，耳通精竅，逐於音聲，故返聽而不聞。微開目者，使不坐於黑暗也。目為神竅，目傷於色，神從色散，全開則神露，全閉則神暗，故半垂簾也。目光自玄宮返照於臍下，猶天之日月光明而生萬物也。寡言語以聚氣，使氣不漏於口，絕音聲以養精，使精不漏於耳，空色相以凝神，使神不漏於目，故謂之無漏真人也。

重陽先生講道已畢。又曰：「此乃打坐之工，入德之門矣，不可視為虛妄，汝等當勤而行之，自有應效，休得懈怠，自誤前程。」先生說罷，又格外指撥一番。馬丹陽、孫不二默會其意，辭了先生，各歸原處，依法行持，漸有應效，以為道止於斯，再不到茅庵叩求精微，只按照這一點工夫儘做。過了月餘，馬丹陽正在廂房內打坐，只見重陽先生走進來，馬丹陽起身接入，先生坐下語丹陽曰：「大道無窮，取之不竭，用之不盡，要使貫通萬化，不可執其一端，要誠心向道，真心改過，方可有益於身心也。道不向不成，一時一刻不離本體，一言一動必由寸衷，惺惺不昧，念念皆仁，此真向道也，過不改不除，如病在私，則以公心去其私；病在欲，則以理心去其欲，病在偏，則以中心去其偏；病在傲，則以和心去其傲。凡病在此處，即於此處治病，求功如此，隨起隨覺，隨覺隨掃，隨掃隨滅，自然心中和如春風，朗如星月，闊如天地，靜如山嶽，漸漸氣滿神溢，默運乎一元，充周乎四體，不知不覺之間，而大道成也。」

不提王重陽先生與馬丹陽談道，又說孫不二獨自一人正在房內打坐用工，忽見王重陽先生掀開門簾，走進房來，孫不二猛著一驚，慌忙站起身，正要開言問他，只見先生笑而言曰：「道理精微，道法無邊，一體貫通，萬派朝宗，要活活潑潑做來，自自然然行去，方為有功。如你這次冷冷清清，孤孤單單，坐在這裏，總是無益。豈不知孤陰不生，獨陽不長，似你這樣死坐，使陰陽不能相通，怎能懷胎，怎能產嬰兒，我與你講，若要這個不離那個，你若要那個依然不離這個。」王重陽先生幾個這個那個，把一個孫娘子說得滿臉通紅，羞愧難當，氣得渾身打顫，急忙掀開門簾，跑出外面，到堂前坐下，即喚使女秋香快去請員外來，秋香見主母如此作怒，不敢遲慢，忙到前廂來請馬員外。丹陽正陪著重陽先生講說妙道，忽見秋香慌慌張張走進來，對馬員外曰：「不知主母因何發怒，坐在堂前，叫奴婢來請家爺，有話要說。」馬丹陽即辭先生曰：「師傅寬坐一時，弟子去便來。」重陽先生將頭點了一點說：「你去你去。」不知此去如何，且看下回分解。

不知這個那個理　　故起這樣那樣心

問題與討論／

1. 修行人如何除酒色財氣，絕貪瞋痴愛？
2. 你認為王重陽所授打坐法的要點為何？

第九回

王重陽分身化度　孫不二忿怒首師

吾度眾生授真傳　無無有有口難宣
明知大道非遙遠　人不專心便失緣

話說馬丹陽聞秋香之言，說孫娘子在堂前怒而不息，要請員外去，有話言，馬丹陽即與先生說：「是我孫道友不知因何煩惱，要弟子前去敘話，老師傅你寬坐一時，弟子去了，頃刻就回來奉陪。」王重陽先生笑曰：「你去，你去。」馬丹陽離了前廂，來到堂中，見孫不二滿臉通紅，怒不可當，馬丹陽陪作笑容，問孫不二曰：「孫道友因何發惱，莫非家人小子冒犯於你，當主人須要放大量些，不必與他們計較。」孫不二曰：「師兄有所不知，我們把王重陽當個有道之人，誰知那老兒大不正經，適才到我睡房內，說了許多不中聽的話，實是惱人，這道不學了罷。」馬丹陽曰：「師傅幾時到你房中來？」孫不二曰：「適才。」馬丹陽曰：「這便謊言也，先生從早到我屋裏講道，寸步未移，我也未曾離左右，師傅現在我屋裏，秋香來請我之時，也曾看見。你若不信，問秋香便知。」孫不二未及開言，秋香說道：「我去請家爺之時，王老先生正在講天論地，說得津津有味，家爺同我走後，不知還在那裏不在？」孫不二聽罷，低頭不語，馬丹陽恐先生在廂房久候，也不與孫不二再言，急自轉回廂房去了。

且說孫不二悶著一肚子氣，只望請馬丹陽出來，把先生數說一番，出一出氣，誰知反落沒趣，悶悶不樂，也回去了內房。又月餘，馬丹陽親至茅庵與先生問道，重陽先生曰：「爾且坐下，吾當語汝。」乃喟然嘆曰：「嗟乎！世之修道者，或在事上修，或在貌上修，或在口上修，皆失之遠矣，於道原無分毫。又有從耳目上修，肚腹上修，恭敬上修，一切有為之法皆非道也，有失真道之體，不可謂之道也。其形流露，不可盡言，有近於旁門者、有假託修煉者、有浮華重而鎮靜少者、有心志切而力量弱者，皆各有病，病在這個太輕，病在那個太重，都未由中自然做去，故樂在此而憂在彼，進一寸而退一丈，未有大道之妙趣，而實不知也。總之人心不滅，道心不徹。人心不滅者，未看淡俗情，衣服恐其不華麗，飲食恐其不鮮美，聲名恐其不彰揚，才華恐其不顯露，銀錢貨物恐其不多，田園屋宇恐其不廣，一切不能看淡而有求福之心，時而有欲安之意，時而有貧苦之嘆，時而有奢侈之思，滿腔私欲，此即所謂人心也。不滅者，不能看淡出俗使之去也，凡人皆具真性，是有造之道器，可成之根基，卻因不能看淡世俗，而使道心不徹也。所謂道心者，淡有也，淡無心，淡美也，淡醜也，淡得也，淡失也，淡毀也，淡譽也，淡生也，淡死也，能看淡一切，便是道心，此心用來修道而道可成，用來降魔而魔自消也，修道者，可不去其人心，而存其道心耶？但願人人皆發道心而成正果也。」

不表重陽先生與馬丹陽論道，又言孫不二自那日在堂前被馬丹陽幾句話，說得他默默無言，回在房內心中不服，若說在做夢，又未曾睡，夢從何來？況且明明白白見他進來，言語歷歷在耳，為何又說他在廂屋，並未移動。令人揣摩不出是何緣故。正在猜疑之際，又見王重陽先生揭起簾子，笑嘻嘻闖進來說：「大道不分男和女，離了陰陽不成。」孫不二讓他入內坐下，自己卻退在門根前站下，開言問曰：「先生不在茅庵打坐，來在閨閣何事？」重陽先生曰：「因你背了造化爐，靜坐孤修氣轉枯，女子無夫為怨女，男子無妻是曠夫，我今明明對你講，一陰一陽不可無，陰陽配合是正理，黃婆勸飲手提壺，西家女，東家郎，彼此和好兩相當，只因黃婆婆為媒證，配合夫婦入洞房，二八相當歸交感，結成胎孕在身傍，十月工夫溫養足，產個嬰兒比人強，你今依我這樣做，立到天宮朝玉皇。」孫不二聽了這話，也不回言，竟出門外，將兩扇房門挪來倒扣了，一心要踐前言對質，來尋馬丹陽，見廂房門關著，問家僕馬興，馬興說員外往茅庵去了，孫不二聞此言，即向茅庵走來。

且說馬丹陽正在茅庵陪著王重陽先生講道，先生正說到人心要淡，道心要真之處，忽哈哈大笑，對丹陽曰：「你快去！有人尋你來了。」馬丹陽聞先生之言，恐是有客來到，即辭了先生，出得茅庵，往前廳走，正與孫不二劈頭一碰，孫不二一手將他衣服拉著說：「你去看。馬丹陽問曰：「去看甚麼？」孫不二曰：「你且莫問，去一看自然明白。」馬丹陽只得隨她一直來到內房門首，孫不二將扣扯開，叫馬丹陽進去看來，馬丹陽不知是何緣故，只得走入內去，四下一望，床帳鋪設如舊，箱筒仍如原樣，除桌椅之外，並無別物，遂問孫不二曰：「你叫我進來看啥？」孫不二曰：「看你師傅！」馬丹陽曰：「師傅在茅庵與我講道，那裏又有甚麼師傅？」孫不二不信，親自進來，掀帳揭被，床底床後，到處尋遍，杳無蹤影，口中不住說是奇怪奇怪！馬丹陽曰：「有何奇怪之有？這是你道念不純，著了魔也。」孫不二曰：「師兄說到哪裏去了。我生平無雜念，一心好靜。豈有著魔之理？師傅兩次到我房內來，形容宛然在目，聲音宛然在耳，言語歷歷可記。豈是著魔？」馬丹陽曰：「先生說了些甚麼言語，你可告訴我。」孫不二遂將重陽先生兩次入房內說的那些言語，對馬丹陽說了一遍。馬丹陽哈哈大笑，說：「孫道友，你聰明一世，糊塗一時，這回卻迷了。」孫不二曰：「怎麼是我迷了？」

馬丹陽曰：「學道之人，要虛心下氣，不恥下問，方是得一步進一步，一步高似一步。積絲累寸，積寸累尺，積尺累丈。以十成千，以千成萬，道之妙處不以數計，故曰道妙無窮。你今略得了一點玄功，以為道止於此，每日死守著你這間房子，灰心枯坐，不明陰陽之理，不識造化之機，也不去師傅跟前領教，礙以男女之別，遂起人我之見，先生見你死守此法，終不能了道，想親身來指示你，也是妨於嫌疑，故此陽神出現，分身化度，先生屢對我講一陰一陽之謂道，離了陰陽道不成，這陰陽是陽火陰符之陰陽也，非謂男婚女嫁、治世之陰陽也。這個是言如此妙理，惜你不悟。那個是言這般玄機，嘆汝不識。獨陽不長者：陽屬火，火多必躁，不能成丹。孤陰不生者：陰生水，水多必溢，不能成丹。此孤陰獨陽者，譬水火不能濟也。總而言之，修道之人，要水火相濟，陰陽貫通，方可還丹。說你背了造化爐者，明說你不明真陰真陽之理也！曠夫怨女，亦孤陰不生，獨陽不長之義也！故明與你講學道之人，不可無此陰陽，此陰陽者乃還丹之妙用。黃婆者真意也！以真意會通陰陽，如提壺勸飲良美矣。真意屬土，土色黃，故喻之為婆。西家女金也，金旺於西，故曰西家。東家郎木也，木旺於東，故曰東家。兩相當二八一斤之數也。金非木之子不剋，木非金之子不生，於陰陽造化，五行生剋之理也。修道者必以意會通，如媒之說合兩家，使金木相逢，兩無間隔，如夫妻之好；洞房者丹庭也，使金木歸於丹庭。金者魄也，木者魂也，聚此魂魄於一處，戀戀不捨，依依相偎，魂不離魄，魄不離魂，似夫妻一般，兩下相當，汞也是八兩，鉛也是八兩。交感是結丹之處，是言魂魄相依，精氣若有所感，凝結其中，如懷胎也。十月者，十是數足。溫養者，火候也。此言精氣凝結，以火候煆煉成丹，足乃圓滿之謂，工程圓滿，嬰兒降生。嬰兒是真氣所化之神也！此神從泥丸宮出來，上朝金闕而為真人，豈不是神仙麼？」丹陽說畢，孫不二大悟。欲知後事如何？且看下回分解。

調配陰陽通真意　　菩提明淨心掌跡
若要淨土探玄奇　　道在師傳修在己

問題與討論／

1. 何以王重陽會同時現身於馬、孫二人房中？其用意何在？
2. 人心修道與道心修道有何差別？
3. 王重陽所謂孤陰獨陽一段話，所指的是什麼？

第十回

講三乘演說全真道
損面容甘作醜陋人

既得真傳道可修　三乘妙法任君求
淵貞當日毀容面　換得金身萬古秋

話說孫不二聽了馬丹陽之言，是當頭一棒，打破迷網，恍然大悟，如夢中驚醒，嘆曰：「若非師兄之言，險些誤了大事。我平日比師兄穎悟些，怎麼學起道來就不如你？」馬丹陽曰：「非是你不及我，只因你不去領教，故不如我也。所以說聰明反被聰明誤，許多聰明誤自身，天下事只有學而知之，生而知之者能幾人也！」孫不二謝曰：「謹遵師訓，從今後當虛心領教。」馬丹陽大悅，自回廂屋去了。過了數日，要到母舅家去祝壽，將禮物辦齊，與先生說明，又邀孫不二同行，孫不二推病不去，馬丹陽只得命家童攜上禮物，自己跨上黑驢，望母舅家去了。

不表丹陽出外，又說孫不二在房內，因馬丹陽說她不肯領教，故此不明道妙。她記在心中，今見馬丹陽不在家中，眾奴僕俱在前面玩耍，她乃獨自一人來到茅庵，見先生盤膝打坐，他便跪在面前告曰：「弟子孫不二心性愚昧，不明至理，以致兩番失誤，昨蒙師兄開示，方知前言是道，自悔不及，望師原宥，重為指點。」說罷，一連磕了幾個頭。王重陽先生曰：「妳且站立，吾當與汝言，夫道有三乘，量力而行。今吾講與汝聽，看妳能學哪一乘？」孫不二即起來，站在旁邊，躬身聽教。

重陽先生曰：「學道之人，要置生死於度外，破得一個死字，可為不死之人。上乘者，虛無之道也，一絲不掛，一塵不染，如皓月當空、萬里無雲，只一點靈根，能奪天地之造化，可參陰陽之正理，以法煉之，可使有歸於無，以無而又生有也，能與天地同老，日月同修，此上品天仙之道也。中乘者，秉虔誠而齋戒，奉聖真以禮拜，誦天尊之聖號，諷太上之秘文，一念純真，萬慮俱清，上格穹蒼，萬靈洞鑒，靈光不滅，一點真性，直達虛無，位列仙班，此中乘之道也。夫下乘者，積功累行，廣行方便，濟人利物，多作些好事，常檢點過失，真性自可不昧，靈明原能顯著，或隱或現，與仙無異，此下乘之道也。汝自量力願學那一乘，吾當授汝真訣。」孫不二曰：「弟子要學上乘天仙之道。」重陽先生笑曰：「汝心卻大，恐志不堅。」孫不二曰：「心卻不大，而志甚堅。此身可滅，而志不可奪也。」重陽先生曰：「凡修道者，要得山川靈氣，故地利不可不擇焉。今東郡洛陽靈氣正盛，應出一位真仙，若到那個去處，修煉十二年，可望成道，汝能去乎？」孫不二曰：「弟子願去。」重陽先生將她看了一眼，擺了一擺頭說：「去不得！去不得！」孫不二曰：「弟子捨生忘死，怎麼去不得？」重陽先生曰：「死要死得有益，若死得無益，豈不白送了性命？洛陽離此有千里之遠，一路之上，風流浪子不少，輕薄兒郎甚多，若見妳這容貌如花似玉豈不動心？小則狂言戲謔，大則必致凌辱，妳乃貞烈之性，豈肯受彼穢污，必拚一死以全名節，本欲求長生，而反喪生也，我故云去不得。」

孫不二聞言，沈吟半晌，也不辭先生，出了茅庵，來到廚下，將煮飯的人盡皆支開，親自將火燒燃，把一罐清油傾入鍋內，待油煎滾，然後取一碗冷水在手，把臉兒朝著鍋裏，雙目緊閉，硬起心腸，把冷水頓入鍋裏，那滾油見了冷水暴起來，濺得一臉都是油點，油點著處皆燙成泡。孫不二忍著痛苦，來見先生曰：「弟子這個樣兒，可以去得麼？」重陽先生一見，拍掌笑曰：「妙哉妙哉！世間也有這等大志向人，也不枉我到山東走一場。」先生說罷，即將陰陽妙理，造化玄機，煉陰成陽，超凡入聖之工，盡傳與孫不二。傳道畢，曰：「大道隱於不知不識。這不知不識工夫，又要帶幾分瘋顛，方掩得過於人，使人不知我有工夫，不識我有修行，等到大功成就之日，方可現身說法。汝待面上油泡痊癒，速往洛陽，也不必來辭我，等你功圓果滿之時，蟠桃會上再相見也。」

先生說畢，瞑目不語。孫不二向著先生拜了幾拜，出了茅庵，只見僕婦婢女從外進來，劈頭碰見，駭得他們大吃一驚，若不是原樣衣服，險些認不出來。當時齊來相問，是何緣故。孫不二說：「我欲與重陽老先生造幾個油餅，恐你們不潔淨，故將爾等支開，我親自動手，誤將冷水傾在滾油內，一時躲避不及，故此滿臉都燙成泡，這是我一時災星，不甚要緊，你們不必驚慌。自各去料理正事，勿以我為念。」說畢，竟歸內房將門掩閉，默思先生所傳的工夫，逐一做去。口訣妙言，從新演來。

過了兩日，丹陽歸來，將進門，眾僕婦便將孫不二被滾油燙壞面目對他說知。馬丹陽不勝嘆息，先到茅庵見過了先生，然後到上房來會孫不二。只見她滿臉是泡，泡已潰爛，黃水交流，把一個如花似玉的面孔弄成一副鬼臉。馬丹陽一見，未免嗟嘆，遂叫了一聲：「孫道友，妳為何不小心，被油燙成這個樣兒，苦了妳也。」話未說完，孫不二圓睜雙眼，將馬丹陽望了一望，大笑不止，走上前一手將馬丹陽拉著說：「你是西王母的童兒麼？他叫你來請我去赴蟠桃大會，我今日便同你上天宮去，快走快走！」說罷，就爬上桌子，手扯窗格，要往上升之狀，忽一跤跌將下來，睡在地下，呻吟不止。馬丹陽忙將她扶起，她卻又哭又笑，馬丹陽見她這般光景，心中覺得有些悽慘，復至茅庵來見先生曰：「我孫道友想神仙想瘋顛了，如何是好？」重陽先生曰：「不瘋不顛，誰做神仙？」馬丹陽要再問時，先生已瞑目入靜，並不理會。馬丹陽見先生不瞅睬，只得出了茅庵，轉回廳前，悶悶不樂。

又說孫不二一些瘋話，把馬丹陽支開了，落得清清靜靜，正好用工，做到性體圓明，妙不可言，心地朗然，才識辦道有許多好處，甚是喜歡。即取菱花鏡兒一照，自己也著了一驚！照見滿臉疤痕，紅黑不一，又兼月餘未曾梳粧，亂髮蓬蓬，就像一個披毛鬼，分明是鳩盤荼、活夜叉，那裏像什麼員外娘子？孫不二照罷形容，心中大喜，自謂洛陽可以去也！於是胡亂將衣衫扯破，用些鍋煤向臉上抹了一把，跑出堂前，大笑三聲，早驚動了那些使女、丫鬟、家人、小子，一齊到來，將她圍住。孫不二見他們靠過來，便往外走。眾使女來拉，孫不二即用口亂咬。有一個貼心的丫鬟，死死拉著孫不二衣服不放，被孫不二掉轉頭來，照她手上一口，咬出血來，那丫鬟將手一鬆，早被她走脫了。眾僕婦使女，見她勢頭凶猛，不敢來拉，慌忙報與員外得知。又說馬丹陽正在廂房內打坐，忽聽外面喧嘩，忙下座來，往外觀看，只見眾僕人來報道：「孫娘子瘋顛大發，跑出外去了。」馬丹陽聞言，猶恐有失，急命僕人快快去趕，自己隨後也來追趕。

且說孫不二一直走出庄來，那看庄門的人也攔擋不住，她庄前庄後的人，一時認不出是孫娘子，所以被她走脫。孫不二知後面必有人來追趕，見那邊村外堆有亂草，她便闖入草內，果見馬丹陽同著家人、小子、僕婦、使女趕來，往前去不多時，忽又轉來，仍由原路去了。孫不二在草內看得明白，見他們走遠了，方才出來，望東南而行。白日乞討鄉村，夜晚宿在古廟，總是荒涼僻靜無人之處、大樹懸岩、能遮雨之地。若有人來問她，她便天上一句，地下一句，胡言亂語、又哭又笑。別人見她這個樣兒，知她是個瘋顛之人，也就不問她了。所以一路之上平平安安，見正人君子，也問一問路，不上兩月，竟到洛陽。不知果能成仙了道否？且看下回分解。

一葉扁舟游大海　萬丈波濤不著驚

問題與討論／

1. 道有哪三乘？試述之？
2. 孫不二修道之心大志堅，為求上乘之道，不惜毀容，你的看法如何？

第十一回

降冰雹天公護法　施妙算真人指迷

陷溺沈淪已有年　愛河滾滾浪滔天
修行自可登高岸　何用中流另覓船

話說孫不二自離了馬家庄，一路之上假裝著瘋顛，行了數月，來到洛陽城外，有個破瓦窯，她便在窯內棲身，常往縣城乞食，裝成十分瘋魔，惹得那些小兒跟到一路，瘋婆子長，瘋婆子短，所以把她喊出了名。這城鄉內外都曉得她是瘋顛女人，再無人來擾她，因此得安心悟道，合著重陽先生大道隱於瘋顛之言也。

又說洛陽縣有兩個出名的痞子。一個叫張三，一個叫李四，往往姦淫欺詐，無所不為。屢見孫不二在街上乞食，雖然面貌醜陋，卻也明眸皓齒，若非臉上有許多疤痕，卻也人材不弱。這兩個痞子看在眼裏，記在心裏。那夜月白風清，滿天星斗，二人從鄉間痞騙良民回來，吃得醉醉醺醺，路隔破瓦窯不遠，張三對李四說：「我們且去與那瘋婆子作一作樂！」李四說：「去不得！去不得！我嘗聽人言，若與瘋顛的女人做了事，一輩子倒霉頭，永不得長運氣。」張三說：「咱們是天神不收、地神不要的人，管他甚麼長運氣不長運氣。」遂不聽李四之言，竟往破瓦窯走來，李四也只得跟他一路往前面走去。行不數步，猛見頭上一朵黑雲；將近窯邊，猛然一聲霹靂，如山崩地裂一般，從二人頭上震來，嚇得張三李四渾身打顫。那朵黑雲，倏爾散漫，天地昏暗，伸手不見掌，狂風驟起，吹得二人徹骨生寒，一陣猛雨落將下來，在二人頭上如擂鼓一般，打得二人頭昏腦痛。李四用手要顧腦殼，那雨打在手背上，如鐵彈子一樣，方知不是雨，原來落的是冰雹，人呼為雪彈子，俗名冷子，這冷子打得二人走頭無路，沒處躲藏。李四不住說道：「活報應！我原說不要來，你強著走來，且看如何！」張三聽見李四埋怨，心中作惱，忽一腳踩在雪彈子，那雪彈子光溜溜的，如何踩得穩，一溜就是一跤，慌忙爬起來，又踩虛一腳，又是一撲扒，就像有人推他一般，一連絆了幾絆，絆得頭破眼腫，肉爛血流，只是喊天。

不一會雲開月現，依然星光滿天。李四雖挨了些冷子，卻不會絆跤，倒無大損，只有張三被這幾跤絆得頭昏眼花，只是吐舌搖頭說：「了不得！了不得！這瘋婆子犯不得！」李四說：「你才曉得犯不得，看你下回再來不來！」二人邊說邊走，各自回家。李四把這段情事，對那些流氓痞子說知，一人傳十，十人傳百，因此那些不學好的人與乞丐等再不敢到破瓦窯來。孫不二在洛陽一十二年，修行悟道。永無歹人相犯，皆賴李四之功也！後人看書到此。有詩嘆曰：

真人在此悟玄功　豈叫狂徒來逞雄
冰雹降時遭毒打　方知護法有天公

王重陽先生在馬員外家，不覺年餘，外面有幾個村老閑談，說馬員外不會享福，白白將一分家財捨與別人，把一個員外娘子氣瘋了，不知走往何處去了。內有一個五十餘歲的人，名叫段安仁，說道：「我昨日到他庄裏去會馬員外，門外無人看守，我一進門，並不見一個婦女，盡是些男女，我問員外在哪裡，他們對我說在後面茅庵內聽重陽先生講道。我便往後走，見修蓋許多茅蓬，馬員外同王重陽在當中一所茅蓬打坐。馬員外看見我，即出來陪我到前廳敘話。我問他娘子的下落，馬員外說：『她有她的道，我有我的妙。』我又問：怎不見丫鬟使女？員外說：『男使之婚，女使之嫁，各立家室，永無欠掛。』我又問：修這些茅蓬做啥？員外說：『召集修行人悟道，養真性。』我又問：重陽先生怎不見出來？員外說：他最愛清靜，不與俗人交。」我問畢與員外把事交代了出來。遇著馬興，我又問馬興：「你們這庄子，先時多熱鬧，如今為何這般冷淡，好像寺院一般。」馬興說：「你不知道，我家來的這位重陽先生是個活神仙，他不喜歡熱鬧，愛的是清靜。自孫娘子走後，他將庄裏丫鬟、使女、僕婦等盡行遣去，只留下我們幾個老奴在此看守，故這般冷淡。」我又問馬興：怎見得重陽先生是位活神仙？馬興答我曰：「凡家中的事與從前的事，莫得人對他講他都曉得，這不為奇？還有未來之事以及某日晴，某日雨，他無不知，豈不是活神仙麼？」

段安仁將馬家庄的話說完，眾村老之內，有一個姓潘的老漢曰：「依你這樣講，他能知過去未來之事，我們這乾旱許久，未曾下過雨，何不同去問他幾時有雨？」眾村老齊曰好，即同潘老來至馬家庄。先見馬員外說明來意，馬丹陽即引眾老同到茅庵，問重陽先生幾時有雨。先生曰：「你們村東頭土地廟，牆壁上註得有雨期，你們去一看便知。」眾村老聽了這話，即出庄來，回往本村，向東頭走來。到了土地廟跟前，果見粉壁上寫得有幾行字。潘老即念與眾人聽曰：「人王面前一對瓜，一顆珍珠照王家，二十三天下大雨，和尚口內吐泥巴。」後面幾行小字寫著四字破，潘老看罷，笑曰：「這是那些學生娃子在此寫的一首字謎，有甚麼雨期？」眾村老曰：「是個啥字謎，你猜得著否？」潘老曰：「我慣懂字謎。怎麼猜不著？」眾村老曰：「你既猜得著，快猜來我們一聽。」潘老曰：「人王下加兩點是個金字，王字旁加一點是個玉字，二十三天下大雨，鬥攏來是滿字。和尚去其和字而留尚字，泥巴土也。尚字加在土上豈不是個堂字，明明是金玉滿堂四字，哪有雨期？」段安仁走上前，用手指著「二十三天下大雨」之句曰：「這明明是雨期，你們偏說沒有，雖然是幾句啞謎，卻有機緣在內，今日十九，隔二十三只有四天，看二十三有雨無雨，便知他靈也不靈。」眾村老齊曰：言之有理，於是各自回家去。到了二十三日，黑雲滿天，大雨如注，從早至午雨方止。眾村人始信重陽先生之神也。」

又有北村一人失牛，遍尋不著，來問先生。重陽先生曰：「牛在南村大樹之上，鴉雀窩內。」那失牛的人聽了這話，忍不住笑說：「偌大的牛，那一點點鴉雀窩如何裝得下？」重陽先生曰：「你去自可得牛，不必多言。」那人只得出了茅庵，來在南村，果見大樹甚高，上有雀巢，鄉裏人原會爬樹，即爬上樹去探取雀巢，原是一個空窩，用手扯了一下那枯枝墜來，打在臉上，略一低頭，看見村裏破屋之內拴著一條牛，仔細一瞧，正是所失之牛。這牛臥在破屋裏，外面堆柴草，四圍遮掩，若非從高望下，再也看不見。其人忙下樹來，心中明白：這村裏原有一位樑上君子，慣做此事，若非先生指示，他到晚間便把牛牽到遠方，賣與別人，再尋不出。其人到破屋裏，各自去把牛牽回，此話不提。

那日西村裏又有幾個人問事，內有一個十三、四歲的孩子，說他哥哥出門數月，不知幾時回家，因此來問老先生。重陽先生曰：「回去問你媽的手。」那娃子聞言，笑個不停。稍後回得家來，見他媽手內拿著一封書信說：「你哥哥在萊州做生意，帶得有書信回來，帶信人將才走了，你可拆書唸與我聽。」那娃子拆書念曰：「不肖男書奉慈母，自父去世，蒙母教育成人，今體父志，出外貿易，頗還順遂，目下帳未收齊，不得速歸以慰母心，待秋涼之時，九月半間歸家，侍奉甘旨。」那娃子未曾看完，拍手大笑說：「好靈驗！好靈驗！」他媽正要問他，只見門前來了五六個人，不知為何？且看下文分解。

不因漁父引　　怎得見波濤

問題與討論／

1. 孫不二真修實悟，蒙天公護法，給予我們哪些啟示？
2. 王重陽為何能知過去未來之事？與一般算命者有何不同？

第十二回

第十二回
指坐工申明妙理
學真道喜遇明師

指坐功申明妙理　學真道喜逢明師

恩愛牽纏解不開　一朝身去不相偕
於今撒手無沾滯　直上瑤池白玉階

話說西村那娃子，正要將重陽先生問手之言對他媽媽講說，忽見門外來了五六個人，問馬家庄哪條路去。娃子說：「你們問馬家庄，敢莫去會活神仙麼？」那些人答曰：正是。娃子聽說他們幾個要會活神仙，便高興得不得了，對他們說：不遠，我引你們去。說罷，即往前走。眾人隨著他離了西村，不一時來到馬家庄。合該有緣，正遇著馬員外坐在廳前，見他們進來，即起身迎入廳內坐下，便問：眾位到敝莊何事？他們幾人說：是來求道的。馬丹陽聞言，即引他們到茅庵參見先生。內有一人姓譚名處端，號長真子，昔年身染沈疴，王重陽初到山東之時，曾授與卻病之工。將病卻好，一心悟道，遍訪先生，杳無下落。今聽人言，馬家庄出了一位活神仙，名叫王重陽，才知先生在此。又約了一個好道的人，姓郝名大通，號太古，是本府文登縣人。其餘幾人，也是學道之人，不必表他名姓。

當下譚長真又謝先生昔年卻病之恩，始言今日來學道之意。重陽先生曰：「法門大大開，去的去，來的來，去者不留，來者不拒。」即命馬丹陽送他們到茅庵第二號去駐紮。過了幾日，又來了兩個修行人，一人姓劉名處玄，號長生子；一人姓王名處一，號玉陽子，俱係山東人氏。馬丹陽接見，問明來意，也是來求道的，即引他二人到茅庵參拜先生。重陽先生命馬丹陽送在茅庵第三號棲止。於是東來一個，西來一個，不上月餘，來了數十人。重陽先生叫馬丹陽與他們議定執事，各管一宗，俱有規條，不得擅越，諸事停妥，重陽先生與他們講論坐工，眾弟子分兩班佇立，躬身聽講。

重陽先生曰：「人身以氣為本，以心為根，以性為幕。天地相去八萬四千里，人心腎相去八寸四分。腎是內腎，臍下三寸三分是也！正串著一脈，以通息也。浮沈息總百脈，一呼則百脈皆開，一吸則百脈皆閉。天地造化流行，亦不外乎呼吸二字。人呼吸在心腎之間，則血氣自順，元氣自固，七情不肆，百病不治而自消也。打坐之法，每子、午、卯、酉時，於靜室內厚鋪坐褥，於褥上盤膝而坐，微目視臍，以棉花塞耳，心絕念慮，以意隨呼吸，一往一來，上下隨呼吸之間，勿遲勿速，任其自然，坐一炷香久，覺得口鼻之氣不粗，漸漸柔細，又一炷香久，覺得口鼻之氣，似有若無，然後緩緩伸腳張目，去耳塞，下座行數步，又側身偃臥，片時起來，啜粥湯半碗，不可作勞，切勿惱怒，以損工夫而傷真氣也。」

打坐工夫不在多　全憑煉氣與除魔
且將障礙一齊去　勿使心頭有網羅
障礙不消煩惱聚　網羅不解怎娑婆
分明至理相傳授　切勿因循自坎坷

重陽先生講論坐工訖，下座養息，眾弟子亦各歸寮，丟下不敘。

又表這山東登州府棲霞縣荳村，有一人姓邱名處機，字啟發，弟兄三人，長兄啟明，次兄啟興，父母早喪，這邱啟發多蒙兄嫂看顧，得以成人。讀過幾年書，也能詩詞歌賦，但無心於功名，一味好靜，常獨坐終日，不與人言談，似乎其中有所得意處，而人莫知其所以然。兄嫂屢勸他讀書求功名，他便答以讀書原為窮理，豈希圖功名。又欲與之議婚，他又堅辭不肯，曰：男子未立，豈可以婚姻絆線。兄嫂聽他言語不凡，也不敢苦勸，由他自便。邱啟發嘗語人曰：人生在世，若不尋個出頭路徑，終日爭名奪利，貪妻戀子，無常一到，萬事皆空。人以為世事皆真，於我視之如浮雲朝露，夢幻泡影。」一旦聞聽人言，寧海縣馬家庄有一位王重陽先生，廣有道德，是個大修行人，棲霞縣也有幾人在那裏學道。邱啟發生平愛的是道，聞聽此言，也要去學道。未得與兄嫂說明，又怕兄嫂不許他去，只得暗地收拾一點盤費，帶了幾件隨身換洗的衣服，悄悄離了家庭，望寧海縣而來。

不一日，到了馬家庄。那日正遇馬丹陽當值，問明來意，簿上註了姓名，譚、劉、王、郝等齊來探問，俱皆歡喜說道：如此青年，便能誠心學道、誠罕聞也。說罷，即引他到茅庵拜見重陽先生。馬丹陽遂將他來學道之意對先生說知。重陽先生把他瞧了一瞧，擺一擺頭說：「此人心思太多，過於伶俐，學不了道，早些急自回去罷！休得自誤。」邱啟發跪而言曰：「小子一心學道，並無二意，還望先生收錄。」馬丹陽也替他哀求，先生只是不允，說：「非是我不收他，此人苦根甚重，怕他後來受不過磨難，必生退悔之心，不如不收他為妙。」邱啟發再欲哀告，重陽先生竟出茅庵觀花去了。馬丹陽等無奈何，只得將邱啟發引到前廳住下，使他打掃廳堂，暗裏也與他傳了些打坐工夫。一日，啟發對馬丹陽曰：「老先生既不肯收錄於我，我今何不就拜你為師？」馬丹陽曰：「不可不可！求人須求大人，拜師要拜明師，我不過略曉得一點初工。至於大道，我亦未聞，你且安心住下，聲叫聲應。住了幾日，把眾人都混熟了，個個都喜歡他，一日跟隨眾師兄到茅庵，只見重陽先生坐在當中，眾弟子兩旁站立，恭聽講說。

重陽先生曰：「吾自到此來，婆心度世，苦口化人，意欲使人人同歸覺路，在在共出迷津。夫余亦人也，生能好道，少而痴蠢，長而怪異，壯而通神，世之奇吾者，皆以吾為異也！夫吾豈肯異哉！不過蠢耳、庸耳、愚耳而已！吾何異？不貪不妒，不想不妄，蠢也！不知計慮，不明巧拙，愚也！不言怪異，不落塵俗，庸也！世人說我蠢、笑我愚、責我庸、吾轉痛世人之至蠢至愚至庸，而不知振拔，吾即以至蠢至愚至庸之道，以醒悟世人。汝等不能知，即不知道。故修道者，必自煉心始，然煉於未發，尤貴煉於既發。如游心、放心、諸雜念心，皆既發之心也，而欲使之寂然不動，殆必守其心、定其心、收其心。夫守心，是守其未動時，定心是定其必動時，收心是收其已動者。收之不易，先要隨起隨收，收之愈疾，守之愈堅，守之愈堅，定之愈永，此乃我道門修心之妙！要使此心空無一物。蓋心者即先天一氣之真陽結成，故心屬火，非純陽無陰也。陽中自有真陰，故心形上有三數覆下，下有偃月載上，可見陽非陰不長，陰非陽不生，真陰從真陽，故以心名。所以動一毫妄念，心內就短少一分真氣，一事入心，便添一種魔障，故心一起，即不以心名，是名曰「念」。念字之形，人有二心也，人有二心，不能專一，故百事無成，至於道更遠也！」

重陽先生曰：「心為一身之主，有一無二，若起二心，是謂之念也！此今一萌，便生出許多虛妄之事，而心也不能作主，致使此身陷於沈溺，嗟乎！難以拔度也！」正講之間，只見邱啟發在人叢中聽得高興，連聲稱妙！先生將他瞪了一眼，遂不再講。眾門人出來，盡埋怨他不該聲張，以致先生停講。邱啟發裝不聽見，恁他們胡怨恨一陣，暗思先生煉心之言，即煉道之訣也！煉道者若不先將心煉好，縱有妙道，亦煉不成。於是每日檢點其心，看有差失無差失，有過錯無過錯，一日，見眾師兄不在前廳，必是在後面聽先生講道，他也跑去聽講，不知聽些甚麼？且聽下文分解。

天下原來無難事　　只怕世上有心人

問題與討論／

1. 為何王重陽對新入道者，先從坐工教起？
2. 王重陽為何不收邱處機為徒？其用意何在？並給予我們哪些警惕？
3. 王重陽既不收邱處機為徒，為何馬丹陽亦不收其為徒？
4. 王重陽為何要以至蠢至愚至庸之道來醒悟世人？

第十三回

散壇場學人歸家去　換道裝師徒往南來

嗟嘆凡夫不悟空　迷花戀酒逞英雄
春宵漏永歡娛促　歲月長時死限攻
弄巧常如貓捕鼠　光陰卻似箭離弓
不知使得精神盡　願把此身葬土中

話說邱啟發見師兄道友不在前廳，必然在後面聽先生講道。他卻往茅庵走來，果見先生在座上說法，眾門人佇立兩邊，他也不進內去，就在門外洗耳靜聽。只聽先生講曰：

「修行念頭，細中有細，有一念之私，即有一毫渣滓在心，有一念之欲，心中即有一大魔障。蓋私欲一起，即失先天。必去私欲，方可存先天。先天者一氣也，私欲起則火動，火動則氣散，氣一散何有先天，又何以審火候？私重則氣敝，又何以復靈機？欲甚則氣枯，又何以得奧妙？其機如此，私念當除不當除？欲念當除不當除？忘念當除不當除？有私念者聽吾言必戒！有欲念者必戒！有妄念者必戒！總要將心養得寂然不動，然後念頭可滅，念滅則私盡，私盡則欲淨，欲淨則陽純，陽純而陰消也，真仙大佛，無不從中得來，皆於念頭處下手，不可視為具談。」

重陽先生正講到精微之處，邱啟發聽忘了形，無意之間說了一聲好。重陽先生向眾子弟說：「門內說法，門外人聽，試問多人，誰是知音？」先生說罷，馬丹陽朝外一看，見是邱啟發，即叫他進來，先生一見，怒向馬丹陽曰：「我曾吩咐你打發他回去，為何仍在此處？」話未說完，只見劉長生、郝太古、王玉陽、譚長真，一齊上前告曰：「邱啟發既來拜師求道，望先生憫念，將他收在門下，早晚領教受誨。」重陽先生曰：「非是我不收留他，怕他心不真切，偶一受磨難，便生退悔之心，那時道也修不成，反招罪愆，不如不收他妙。」劉長生等又苦苦哀求，邱啟發跪在地下不起來。重陽先生曰：「爾等既再三薦引，難道我全不准情，你們這般看照他，我即將他收下，與他取個道號名叫長春。」邱啟發即起來三跪九叩，拜過了先生，又與眾人作禮。先生下座，各歸原處。又過了月餘，先生吩咐馬丹陽邀齊眾道友到內廳，這回說法，必須於庵外設壇。馬丹陽領了先生之言，即去辦妥。不一會大眾齊集，衣冠楚楚，禮貌堂堂，同到庵前，請先生上座說法。重陽先生出了茅庵，上得座來，正容端坐良久，言曰：

「我教以靜為主，這靜字上可以參贊化育，下可以包羅萬象，我將這靜字為汝等宣說，不但修行悟道可用，即齊家治國亦不可少也！

『靜』之一字，妙理無窮，但言靜者多，而知靜者少，故欲靜而不能靜矣，是未尋著靜之根源，靜之根源先要看空世界，靜之門，當從不靜處下斬絕工夫，靜之終當於常靜時用。防備妙法，念頭一起，隨即消滅，滅而復生，不使之生，生而即滅，使其永滅，靜之極，不靜自靜，何嘗言靜，何嘗言不靜。止於至善者，莫過於靜，靜之於斯，泰山崩前而不驚也。非故不驚也，崩前而若未崩前也！美女當前而不動，非故當前不動，而若未當前也。至於動作行為，待人接物，其鎮靜之功，自然有不知其所以然者，父母見之，頑者慈也，兄弟見之，戾者和也，妻子見之，悍者順也，朋友見之，偽者誠也，俗者見之，粗者細也，士人見之，肆者斂也。以此忠君，忠是性分；以此愛民，是真實之愛，非姑息之愛，有何不行之道、不伸之志哉！斯言非奇也，而奇不可言，不特靜中靜，而動中亦靜，動靜俱靜，道可有成。佛言：「明心見性」，非靜，不能明與見也；儒言：「窮理盡性」，非靜，不能窮與盡也；道言：「修真養性」，非靜不能修與養也。靜者，三教之命脈，不特此也。試看一日非夜之靜，無以為晝之動之本；四時非冬之靜，無以為春之動之本，是道本於靜，自然之理也。道本自然，舍靜從何入門？」

重陽先生說：「這靜字，是三教不離的工夫。士農工商、王侯將相，都要由靜而後能安、安而後能慮、慮而後能得。父母能靜，而子自孝；君王能靜，而臣自忠；弟兄能靜而和睦，朋友能靜而信實，夫婦能靜則順從。」把這靜字說與眾門人聽，明知這數十人之內，只有邱、劉、王、譚、馬、郝六人才肯專心悟道，其餘那些人俱是始勤終怠，有起頭，無結尾，算不得正經修行之人，後來難免爭名奪利之行。故將這鎮靜之工說與他們一聽，使他們得這工夫，消一消乖戾，習一習涵養。雖不是超凡入聖，亦可以修身齊家，不失為好人也，不枉到此投拜一場。

且說邱長春聞聽先生把這靜字，說得自自然然，透透徹徹，有許多好處，不禁心頭發歡起來，手舞足蹈，卻被先生看著，怒指長春而言曰：「你這人聞道不進，知理不悟，徒以聰明顯露，伶俐施逞，不能隱忍潛藏，只知使巧弄乖，非道器也！我幾次說法，被汝越規犯矩，我今當遠避汝於東南，免得你常來擾我。」遂對馬丹陽曰：「我明日要往江南訪道，只要劉長生、譚長真、赦太古、王玉陽四人同去，汝可照理家園。其餘諸人任他們或行或止，聽其自便。我此去多則一年，少則半載，才得歸也。」

先生這話吩咐出來，或惹動了眾門人思家之心，有的要回去看望父母，有的要回去顧盼兒女，連夜收拾包袱行李，只等天開亮眼，都來與馬丹陽告辭，更託轉覆先生。馬丹陽少不得送他們出庄去，大家拱手一別。馬丹陽轉回茅庵，重陽先生吩咐馬丹陽，取出五件衲衣，五個蒲團，道帽、棕笠、芒鞋、草履、岩瓢、便鏟一切等物。重陽先生與劉、郝、王、譚俱換了道裝，道家打扮，趁著天色未曾大明，悄地出了馬家庄。馬丹陽送出庄外，回身轉來，只見邱長春作揖告辭。馬丹陽問他何往？邱長春曰：「我要去跟隨師父。」馬丹陽曰：「師傅見不得你，因此才走，你今趕去，必要受氣。」邱長春曰：「師傅豈當真見不得我，不過願我學好，我若不去，豈不辜負師傅一片好心？」說罷就走。馬丹陽叫曰：「快回來，我有話與你說。但不知說些甚麼？且看下卷分解。

諸人思家各自去　　長春戀師趕將來

問題與討論／

1. 如何存先天之心？
2. 試將靜的工夫應用於日常生活之中？
3. 王重陽為何要往江南訪道，其真正用意何在？

第十四回

試凡心屢施叱責
順師意常秉皈依

去惡猶如解亂絲　靈心自有解開時
若教錯用些兒力　萬劫千生莫了期

話說馬丹陽叫邱長春回來言曰：「先生眾師兄皆改換道裝，方可遠遊，你這個樣兒仍是俗家打扮，如何去得？我有衲衣道帽，你可穿戴起來，便可去也！」邱長春聞言大喜，即時穿上衲衣，戴了道帽，又將馬丹陽的蒲團、便鐘、岩瓢一齊拿上來追趕先生。走了一會，遙見譚、郝等隨著先生緩步而行，長春見鄉間有人吃早飯，他暗想：「我們走得早，未曾用飯，不如我去化些齋飯，供食師傅。」從未化過緣，又不知怎樣化法，管他，老著臉站在人家門口，將瓢岩拿在手中，卻怪黃犬一吠，就有人出來一望，轉身進去，滿滿的掇了一碗粟米飯來，傾在他岩瓢內。長春歡天喜地，又化了兩家，瓢已裝滿，雙手捧著來趕上先生。

且說重陽先生走了多時，到一大樹下緩息，問劉、郝等可曾帶得有盤費嗎？劉長生答曰：「因先生走得太急，我等一時忙追，未曾向馬師兄討得盤纏。」先生曰：「既未曾帶盤費，各自化飯吃去罷，我在此等候。」四人聞言，各拿岩瓢化齋去了。重陽先生獨坐樹下，忽見邱長春捧一瓢飯來供養先生。重陽先生怒曰：「誰教你來擾我，我受不起你這供養！」長春再三啟請，先生全然不理。稍後，劉、郝等各化得有些齋飯來請先生用，先生將劉長生所化之齋吃了一些便不用了。他們俱已食訖，同齊起身，行了十餘里，天色將晚，見路旁有座冷廟，即進廟去。打掃潔淨，鋪下蒲團，打坐一夜。

次日師徒六人又往前行。邱長春在後邊沿路化齋，遇著一家善人叫他吃飯，長春曰：「我有師傅在前面，他老人家未吃，我焉敢受用？」那家善人說：「這也無妨，你且去吃，我與你另收拾些潔淨齋飯，拿你岩瓢裝端去供養他，也不為遲。」長春見他說得有理，便上席去。飽餐一頓，然後下來與善人道謝，果見岩瓢滿盛齋飯，雙手捧著，往前趕來，見先生相隔不遠，只叫師傅慢走，弟子送飯來了。重陽先生裝不聽見，只顧前行，長春放大步走來趕上先生，將飯食捧上，先生將飯食看了一眼說：「此乃一家之食，我無功可受，豈不聞一瓢千家飯，孤身萬里遊乎！」長春聞先生之言，默默無語，轉眼之間，先生往前去了。心想把飯還那善人，一去一來就耽擱路程，想吃了，肚腹又飽，無奈何，掇著岩瓢隨後而來，端得兩手酸麻，周身流汗，方見眾師兄同先生坐在前面石上用齋，幸喜他們所化飯食甚少，他即將這一瓢飯與他們奉上。一人吃上一點，才把這飯吃完。是夜又宿古廟，長春心中暗想，我師傅是陝西人，不喜愛飯食愛吃饝麵，我明日去化幾個饝來供養於他。

是夜主意打定，到了次日，果然化得幾個白麵　來敬先生。重陽先生怒曰：「我原說不吃你的，你苦苦擾我，卻是為何？」說罷，將岩瓢奪過往地下一摔，險些把岩瓢摔破，那幾個蒸饝滾在坎下，邱長春忙將岩瓢拾起，把蒸饝撿入瓢內，看先生時已走遠了，他即隨後趕去。看官！你道重陽先生為何這般凌辱長春？因他是幼年學道，不比劉、郝、王、譚是化了氣質的人，若不深加琢磨，焉能使其成器？正所謂磨他種性，誰知長春根基深厚，屢受叱責，並無一點怨恨之心。

王重陽先生師徒幾人，走了兩月有餘，是時天道寒冷，他們在鄉間化得有幾捆柴草，是夜雨雪十分嚴寒，他們取了一些柴草來燒火烤。重陽先生一見心中作惱，走來將那幾捆柴草一齊拋入火內，霎時燒得烈燄騰騰，火星亂飛。重陽先生拿著便鏟，將柴草按了幾下，火燄頓滅，濃煙亂冒，熏得他們走頭無路，廟子又窄小，風往內吹，邱、劉等被熏不過，只得出山門外避一避煙，一個個揉眉擦眼，都說好煙人！好煙人！先生見他們出去，即將山門閉了，蒲團移於門下抵門而坐。他們在外站了一會，到不煙了，卻又寒冷起來，轉過身推門，那裡推得動，又不敢喊叫，都在廊簷下坐著，忽一陣雪風吹來，冷得他們幾個顫顫抖抖。劉長生說：「先生傳得有火工，我們大家何不做一做，以消嚴寒。」

邱長春與眾道友做起工夫來，閉息聚氣，搬運起來，不一會，不惟不冷，反覺熱起來。一會兒天色開亮，見山門已開，大家入內，只見先生坐在蒲團上，怒而不息，向他們言曰：「汝等畏熱懼冷，貪生怕死，棄真求假。貪烤假火，而不肯運真火，苟圖安然，而不深用工夫。這般懶散，如何修得成道？若不重重杖責，畢竟始勤終怠。」說罷即命王玉陽把戒尺拿來，每人責打二十，以戒將來。劉、郝等聞言面如土色，不敢回言。邱長春跪在先生面前說道：「這是弟子一人之錯，與眾師兄無干，我情願受責，望師傅赦卻他們。」先生曰：「既是你願替他們受責，每人二十，總數算來，該打一百。」劉、郝等齊來求饒，先生嘆曰：「汝等互相告免，吾焉有不釋之理，但下次不可如此，恐自誤前程也。」說罷，即將戒尺丟在地下，又對劉長生曰：「我一時性起，執意南遊，至此興盡，仍欲北還，即刻起程，勿容擬議。」

說罷，便往外走。邱、劉等慌忙收捲蒲團，拿著便鏟，與那看香火的老漢告辭已畢，隨後來趕先生，仍由舊路轉回山東，不日到了寧海縣，來在馬家庄。邱長春先去報與馬丹陽得知，丹陽慌忙出來迎接先生入內，仍在後面茅庵住下，一向無事，不必細言。過了月餘，那些門人聞聽先生歸來，一個個又來學道，依然熱鬧起來，先生想出個妙法要遣散他們。不知如何遣法？

且看下回分解。

不將假意遣開去　　焉得真心悟道來

問題與討論／

1. 王重陽為何屢屢要折磨邱長春？若我們在修行過程中，亦受到相同待遇，該如何處理？
2. 邱長春之作為給予我們哪些啟示？

第十五回

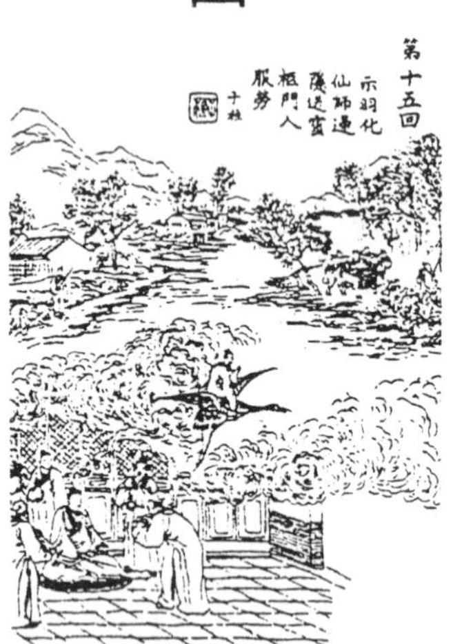

示羽化先生歸隱　送靈櫬門人服勞

風旛動處原非真　本性圓明是法身
解得拈花微笑意　後來無處著纖塵

話說重陽先生見那些學道之人，依然聚集，察其中並無真心向道之人，不過徒沽虛名，指道為由，欲人知他在修行悟道，其實並無一點道念，若不使他散去，久必以假亂真，使法門不得清靜矣！想出一個妙法來，點了一點頭，忽然大叫幾聲不好不好！驚得那些人齊來相問，先生曰：「我不該出門，在路上受暑溼之氣，使我心頭結鬱，身上起泡。」解衣與眾人看，果然心頭腫起，渾身是泡，慌得馬丹陽與邱、劉等忙去求醫尋藥，一連請了幾個名醫，用過妙藥數劑，總不效驗。

又過兩日，泡皆潰爛，膿水交流，臭氣難聞，那些學道修行之人背地私議說：「重陽先生定然無道，自身難保，焉能度人？病都卻不了，怎得成神仙？我們各自回去罷！免得耽誤大事。」於是陰走一個，陽走一個，不上兩日，走得乾乾淨淨，只丟下邱、劉、譚、馬、郝、王六人，日夜服侍。先生見眾人走完，遂叫他們六人近前，吩咐曰：「我明日午時必死，但我自到此來，把馬鈺一項銀錢，被我周濟貧苦，又幫湊別人埋葬嫁娶，以及遣嫁使女、丫鬟，圓成家人、小子一切粧奩聘禮，化費銀錢若干。又供養這些來學道的人一兩年，故此將銀錢盡行用完，如今庫藏一空。我死之後，若辦喪事，必要當田賣地，但依我吩咐，不許化費銀錢，我若死時，也不須悲哀啼哭，休得祭奠開弔，只要幾塊薄板，裝著臭皮囊，使邱、劉、王、譚、郝五人，輪流抬回陝西樗縣終南之下，繩索斷處，是吾葬身之所，不得有誤，若背我言，我必不安。」邱、劉等聞先生之言，唏噓欲泣！重陽先生曰：「勿作此兒女之態！」先生雖如此吩咐，邱、劉諸人不免含愁生悲。到了次日午時，先生衣冠整齊，端坐蒲團之上，喚邱、劉、譚、馬、郝、王六人近前講曰：「性命雙修之法，要內外俱有，缺外功，則德性不全，缺內功則本源不清，夫外功者平生居心，須使無虧，一言必謹，言有功也。一行必慎，行有功也，一事不苟，一介必嚴，莫非功之所積，功之所推。夫內功者何？惺惺勿致於昏昧，防意如防城之險，空空不著一物，守心更比守身之嚴。時而天人介於幾希，天人即交戰之會也。吾將內功重而言之，蓋內功不可以色見，不可以貪求，不可以僥倖，不可以苟安；掃去一毫之色相，即有一毫之陽生；掃去無端之色相，即有無端之陽生。將色相掃盡，不留些子芥蒂，則純陽之體也。有等修道者，非不信心堅固，而弊在速成，工夫未到，便思證果。又有習吾道者，非不加意盤旋，而弊在安閒，日日淹淹欲睡，時時悶悶不樂，精神不振，艱於行持，不肯用工，豈不知一長一技，用盡無限心機，方得隨心應手，半絲半縷，費盡了許多氣力，方稱心而足意，焉學金仙者，不下苦工乎！」

重陽先生說畢，又取一書，名曰：「韜光集」，乃先生親手所著，內有晦跡之道，隱逸之妙，付與馬丹陽曰：「汝等六人，當於其中探討至理，知之非難，行之為難，必勉力行之，方無負我心。汝孫道友，道果將熟，不必掛念，只有邱長春功行尚少，汝當指示一二。劉長生色相未能盡空，另有一番波濤。郝太古東遊西返，所見之處，即了道之地。譚長真遇顧而通玄。王玉陽逢姚以入妙。邱長春石番溪邊苦根盡，龍飛門上大丹成。」重陽先生說畢，一笑而逝。

邱、劉等謹遵先生遺訓，不敢聲張，依法入殮，用繩索將棺綑定，尋了一根扛子，兩個橫擔，到了次日早晨，邱、王、譚、郝四人，抬起靈柩便行。劉長生背著行李，隨後走來。馬丹陽送了二十餘里，臨別之時，在身傍取出一包散碎銀，約有四五十兩，交與劉長生曰：「家中銀錢，被先生做好事用盡，一時備辦不出，只有這點散碎銀，以作盤費，路上簡省一二，可也得夠。葬師之後，急速轉來，咱們師兄道友，同在一處修行。」劉長生將銀接過，遂與丹陽分離。行不數里，見有許多人拿著寸香片紙攔路祭奠，劉長生近前一看，都是先生門下學過道的那些假修行。劉長生逐一稱謝，誰知重陽先生在生之時，生平見不得假修行人，今日仙逝，真靈不昧，見了他們猶然犯惡，從棺木內放出一股臭氣，臭得人人掩鼻，個個發嘔，站立不住，胡亂磕了幾個頭，一齊走了，那臭氣也息。

邱長春與郝太古等抬著靈柩，仍往西行，走不上十餘里，有人攔路送飯，邱、劉等以為與先生往年有交識之人，今聞先生歸天，特送頓把飯來，盡個人情，不足為怪，忙放下靈柩，便來吃飯。吃罷，道了一個謝字，抬上又走。行不多時，見路旁有座古廟，便抬不動了，即將靈柩落下，在廟歇宿，次日天明，又抬到了早飯時候，又有人攔路送飯，午飯時候，也是一般，天晚即有冷廟棲止。如此走了月餘，到了陝西邊界，邱長春暗想這事，可不奇怪！天地間那有這般湊巧的事，近處以為是先生相識之人，盡一盡情，未可料得如今走了許多遠，還有人攔路送飯，其事真乃奇異。心中正在默想，時當晌午，忽有人送飯來，請他們吃飯。劉、郝、王、譚與人道謝畢，即取碗筷用飯，邱長春把送飯之人，扯在一邊問曰：「你怎知我們到此？送這飯來與我們吃，又是何緣故？」那送飯之人說：「從早有一位穿黃衣的老道長，在我們村裏來募化說，他有五個徒弟，從山東送靈柩過此，要擾主家一餐，我那主人最是好善，聽了此言，故使我送飯至此。」

長春聽罷記在心頭，到次日早飯時節，推說肚皮疼痛，要往前村討碗滾湯喝。求劉長生幫抬一肩。長生應允，便將行李交與他，接過扛子抬著。邱長春背起行李，放開大步，往前走有數里，果見一位穿黃道袍的老人，像是先生模樣，往前村裏去。邱長春趕緊幾步，跑到跟前，一手扯著道袍，跪將下去，口叫：「師傅慢走，徒弟在此侍候。」重陽先生掉轉身來，怒容滿面，責長春曰：「你這造業徒，不知天地盈虛，消息晦跡之道，一味施逞乖巧，漏洩仙機，以此推來，日後又要多用三年煉魔之功，是自取其咎也。」言畢化清風而去，長春正在悔悟，又見靈柩來了，忙去接過扛子抬上，仍將行李交與長生，自此以後，永無人送飯。若不是馬丹陽所送銀兩做盤費，難免受餓。又走了半月，始到長安，由鄠縣而傍終南，然繩索齊斷，靈柩墜地，長春用目一觀，見前面村外站立一位老翁，即走去施了一禮，未及開言，那老翁反問曰：「你們可是從山東抬靈柩回來嗎？」邱長春答曰：「正是！老伯何以得知？」老翁曰：「我昨夜夢見王孝廉說他已死，徒弟五人抬靈柩，從山東到此，要求我捨一穴之地，埋葬其身，我想昔日與他同在省城科舉，咱二人甚是知交，遂隨口應允，我又問他幾時埋葬，他言今日午時，我醒來方知是夢，半信半疑，出來看望幾遍，才見你們抬著靈柩，正落在愚老地上。」長春亦將先生繩索斷處，即是葬身之言，對老人說了一遍。老翁甚喜，即入內去喚了幾個莊漢出來，各帶鍬鋤畚箕等物，來在靈柩跟前，將棺移過，即於其處打井安葬，頃刻累成大墳。邱、劉等叩謝了老人，又與眾莊漢道勞，那老人又請他們師兄弟友到村內，款待了一頓齋飯，然後邱、劉等與老翁告辭，又問明大魏村路徑，大家打一個拱手而去，不知此去如何？且看下回分解。

送師西歸大事畢　訪道東行真道成

問題與討論

1. 試省察我們在修行過程中是徒沽虛名，指道為因，或是真修實煉？
2. 何謂性命雙修之法？
3. 為何王重陽指責邱長春不知天地盈虛，消息晦跡之道，一味施逞乖巧，漏洩天機，是在造業呢？

第十六回

大魏村三老談往事
晉安橋一言指迷途

萬轉身如不動舟　風翻浪湧便難收
臨流執定篙和舵　一路輕帆到岸頭

話說邱長春同眾師兄到了咸陽大魏村，見屋宇破壞，村落荒涼，有三位老人坐在一個廟宇門口，長春上前深施一禮。便問王孝廉的居宅，內有一位鬚髮皎然的老人便說：「你問王孝廉的居址，敢莫有啥瓜葛？」邱長春曰：「他是我們的師傅，在山東傳道，羽化昇仙，我們幾人送他靈柩歸來，昨在南山之下討地安葬，今者欲回山東，故到此問一問他家人口。可以平安否？」

老人聞言，嘆了一口氣說：「你師傅是我宗兄，我排行第三，人呼我為王三老，自我宗兄離家之後，周氏嫂子憂慮成疾，因病身亡，他兒子秋郎，跟著岳父去了，一年半載回來一遭，他家現時無人。」長春又問：「這村子如何這般敗壞？」王三老又嘆了一口氣說道：「自我宗兄走後，村內莫當事的人，他們都是各顧各，有事來了，無人出頭料理，自隨別人攪和，故此越攪越爛，越奸越窮，竟將這村子敗壞，後來聽說孝廉成了仙，都說他把風脈拔去，輕輕將這罪過移在他身上。」長春又問：「怎知他成了仙？」王三老指著廟宇道：「這是南北幾村與他修的廟，你們進去一看便知。」長春同眾師兄進得廟來，果見上面塑的師傅神像，儼然如生，齊上前禮拜，見匾額上寫著「挺乎人豪」四字，左右對聯題曰：「顯道術於咸陽，噀酒滅火，垂恩光於故里，施符驅瘟。」

邱、劉等看畢，不知其故，便問三老怎樣驅瘟滅火？三老曰：「那年我們這一方瘟疫流行，傳染甚重，人人驚恐，忽有一位黃衣道長，硃書靈符，遍地鄉村，並不取分文，得此靈符貼於門上，瘟疫頓消；又聞人言咸陽市下起火，燒著民房，撲之不滅，見一位道長，也是身穿黃袍，從酒店內出來，手中擎著半杯酒，喝了一口，向火噴去，其火自滅，市人感他救火之功，都來問他名號，他言三橫一直是姓，三士張口為名。」說罷，飄然而去，轉眼不見。過後有人識破這兩句話語，三橫一直王也！三士有口嚞也！說他定是王嚞。這話傳到我們村裏，方知他成了神仙。我們有個族嫂，人呼為王媽媽者，臨終之時，也說「孝廉叔子，身穿黃衣，來接我去。」故此南北幾村，感他護庇之恩，倡修這座廟宇，以酬其德，左壁廂懸有木牌，以祀其事，一看便知。劉、邱等同到牌下仰面讀其文曰：

「蓋聞有勤勞於國者祀之，有功德於民者祀之。我村王公諱嚞，異人也。幼年讀書，壯歲習武，自舉孝廉後，托病中風不語。人莫窺其動靜，養病一十二年，未出門前眺望，自一旦失去，不知何往？四處探訪，渺無蹤跡，嗣後起瘟疫，公施符救免，保全性命頗多，鄉人均沾惠澤，又於咸陽市上噀酒滅火，謎語留名，度寡嫂而升天，祐鄉人以多福，公既不忘鄉里，而鄉井之人，豈負公哉！況有驅瘟滅火功德，於民祀之，未為不可。故邀集鄉人公議，倡修殿宇裝神像，歲時祭祀以酬其勞，是以云爾。」

邱、劉等看畢，嘆曰：「先生神機莫測，變化無窮，非我等所知也！」又見王三老向著一個小廝耳邊，不知說了些甚麼語言，小廝點頭而去，不一會同一莊漢提著一個簣子走來，內裝麵食之類，請他道友幾人受享。劉邱等才說了一個謝字，三老曰：「勞你幾位送宗兄靈柩還鄉，又來探望他家，無好款待，不過便飯，當不得一謝。」邱、劉等見他這樣講說，即來吃飯，是夜歇在廟中。便有許多人來相問，次日天色將明，有七、八處送飯食來，他們道友幾人，那裏吃得許多，不過每家用上一點，領一領情。

劉長生與眾道友商議，將馬丹陽所送的盤費銀，還剩有十餘兩，拿來交與三老，以作賠補先生廟宇之用，眾道友稱善！遂將銀交與三老，說明其意，王三老將銀收訖，邱、劉等即告辭起身。離了大魏村，走有十餘里，到一大樹下，大家坐著緩息，譚長真曰：「我們送師西歸，大事已妥，若再到山東，也不過把馬師兄飯吃些，錢用些罷了。常言道：『世無不散的筵席。』」又曰：『道不戀情，戀情非道。』久在一路，豈不聞三個成群，五個結黨，反惹物議，大有不便，不如各走一方，得以自由。」王、郝等曰：「師兄之言是也。」於是劉長生往東南而去，王玉陽西南而去，譚長真往南走，赦太古向東行，邱長春見他們把幾條路走完，他也無走處，就在這陝西地方，募化度日，苦志修行。

這且不表，單說郝太古遊到晉地，見一座石橋有八、九洞，橋下根脚俱是生成的磐石，每到秋冬河竭水枯，常有那逃難飢民在橋下歇宿。郝太古見橋下甚是潔淨，正是水枯之時，他便在橋下打坐，起先無人知覺，倒也清靜，後來漸漸有人知曉，遂惹下牽纏。感動了近處居民，見他終日打坐，知是修行人，故此常與他送些饝饝餅餅，他怎麼吃得許多，剩下的就堆在面前，被那些鴉雀老鴉，你啄一片，我啄一塊，飛在半空或掉下來落在水內，或墜於路上，那些小娃子看見，便撿來吃，尋蹤捕影，來在橋下，到太古面前玩耍，見他坐著不動，猶如泥塑木雕一般，那些小兒耍熟了，就把他當菩薩要蓋廟。便撿了些石頭瓦塊，在兩邊砌起做牆。又折些樹枝在上面為樑，扯了些草蓋著。每日在家中吃了飯，便邀約一路到橋底下來，向著郝太古磕頭作揖，嘻笑喧嘩鬧個不休。郝太古是有涵養的人，並不在意，恁他們翻騰吵鬧打跳，總不瞅睬，這也算得鬧中取靜，不為無益。

一日前村辦觀音蓮臺會，那些小娃子看會去了甚是清靜。郝太古見一人在橋下磨磚，磨一會又拿起向臉上照一照，照一照又磨，磨一磨又照，如此數十次，把一塊磚磨消化了，又取二塊來磨。郝太古見他磨了半日，以為把磚磨個甚麼器皿，今見他將磚磨成泥漿毫無所用，又欲磨二塊，恐他白用工夫，有心指撥於他，遂問那磨磚人曰：「你磨這磚，意欲做個器皿乎？」其人答曰：「然也。」郝太古便對他說：「你要做器皿，先須立個成心，或鏟高而削平，或取方而就圓，依乎規矩，方成巧妙。你今不取法則，胡亂磨怎得成功？我且問你到底磨個啥器皿？」其人答曰：「我想將磚磨光亮做個鏡兒，早晚照一照面容。」郝太古聞言笑曰：「磚乃瓦泥，非銅非鐵，焉能磨得光亮，豈不白費工夫？」那人大笑：「依你這樣講，說我這磚既磨不成鏡，你那坐又焉能成仙？你如此枯坐，無異我之磨磚也。」郝太古聞言猛吃一驚，慌忙站起身來，急趨上前，意欲請教，那人飄然而去，不得與言談。郝太古知是異人到此，指點枯坐無異，收拾行李，離了晉安橋，望幽燕而去，有詩嘆曰：

磨磚枉自用工夫　靜坐孤修氣轉枯
兩下俱為費力事　一言提醒破迷途

不表郝太古北遊，又說長真南行。一日來在隨州之地，天色將晚，並無古廟涼亭，又無招商客旅，見路旁有一座大莊院，房屋甚多，意欲前去借宿，隨便化點齋吃。將走到莊前，只見門內出來一人，像似掌櫃的樣子，此人姓顧名足成，號裕豐，昔年也是好道之人，因被那些不學好的道友裝神仙騙哄他的錢財，上了好幾回當，所以見不得道士，正是前頭打沙子，嚇怕後頭人。且說顧裕豐見譚長真往莊上來，便高聲喊叫道：「道長不用來我這裏，僧道無緣。」譚長真將他看了一眼，意欲開示於他，不知他受不受開示，且聽下回分解。

欲要別人信服我　　須將我事信服人

問題與討論／

1. 譚長真為何不贊成大家送師西歸後，再回馬家？
2. 郝太古於橋下枯坐，蒙異人指點，枯坐猶如磨磚，枉費工夫，給予我們哪些啟示？

第十七回

戲喜紅定計脫身　難渾然當真盤道

心境原來要朗明，莫因一事誤平生
昔年曾被假人騙，今遇真人認不清

話說譚長真見顧裕豐有幾分善氣，意欲開化他，誰知顧裕豐不等他開口，就先說：「道長不必多言，你們那些話我是聽厭煩了，即使你說了，我也不信，我是被你們哄怕了，哪有甚修行人，依我看來，盡是苟圖衣食之輩。」說罷，竟入內去，再不出來。譚長真聽了這些話，把道門說得全無道氣，有心丕振宗風。抬頭一望，天色已晚，他就在莊門口打坐，到了天黑時候，那些莊漢催逼他走開，提了一桶冷水，依門口潑濕，將門閉了。

譚長真見他們如此作惡，便不到他門前去，即於路旁打坐。是夜天又下雪，堆積尺餘，天明之時，那些莊漢出來一望，見譚長真坐在露天壩裏，周圍白雪堆積，奇怪的是竟然身邊毫無片雪，即報與裕豐得知。顧裕豐聞言，親自出來觀看，走進他身邊覺得熱氣迎人，知是有道之士，即請他入內待以客禮，說道：「非我不信道，只因道門無好人，像您老人家這樣苦志修行，誰不尊敬？我今願供養你，就在我家中住下三年、五年、十年、八年，我都喜歡。我明日選一個良辰，要拜你老人家為師，不知您老人家可應允否？」譚長真本要開化他，今見他略起信心，猶未大於敬信，如何不允，於是點頭應允。顧裕豐大喜，即命家僕在後面打掃一間房子，即請譚長真入內，打坐恭玄，每日齋茶齋飯，供養不缺。又使丫鬟喜紅常與譚長真端湯遞水，真乃道真德貴，妙理無窮。

光陰迅速，經過大半年，不見顧裕豐來求道問理，揣他心意是好道，並不是學道，欲使人受他供養，替他造福，替他修行，他卻享受現成福德。譚長真識破這個機關，便不願在他家受供養，屢次告辭欲行，顧裕豐苦苦相留，那裏肯放他走，反吩咐家中人等小心看守。故此譚長真連走幾回，都被他們留下來。譚長真因為走不了，便想出一條妙計，必須如此方能走也。不一會喜紅送茶來，譚長真故意將她手腕捏一把說：「妳這手兒好白淨呵，令人愛煞！」喜紅臉上泛紅，勉強答曰：「白得如漆一般，師傅休得取笑。」說畢，便往外走。竟到上房說與顧家娘子得知。這娘子即對丈夫曰：「譚師傅調戲我們的丫鬟，也非正經修行人，可使之去。」顧裕豐聞言不信說：「這是喜紅不耐煩服侍他，故造成這些浮言。」娘子見丈夫如此說，反將喜紅罵了幾句，喜紅不敢再言。

過了兩日，顧裕豐見喜紅與譚長真送茶去，他卻跟在後面，窺其動靜，果見譚長真挪住喜紅的手，笑容可掬，說道：「妳這手兒如玉之白，似綿之軟，真愛煞人也！」裕豐在外一聞此言，心中大怒，便要趕他出去，又想他曾屢次欲走，是我再三相留，今又逐他，顯我不仁，不如寫幾句話兒貼在壁上，等他看見，他要知趣，定自然去，我只吩咐手下的人不必攔擋他，便是好主意。不表顧裕豐暗裏鋪擺，又說譚長真次日坐到早飯後，不見喜紅送茶送水，知是計已靈用，即走出來一望，見門上貼著一張紙帖兒，上寫著四句話曰：

西風盡夜飛雪花　冷坐蒲團形影斜
休羨今朝手似玉　迴思曩昔身如蛙

譚長真看罷，笑了一笑，走進房內，見桌子上有筆墨，取筆在手，復出外來，向他紙帖上也寫了四句話，寫畢，入內收拾單行，一直跑出堂前，連叫了兩聲謝，無人答應，逕出莊門向南而去。遊了兩年，始往北還，此是後話不表。又說顧家那些奴僕，因主人曾吩咐譚長真出來不須擋他，儘他自去。因此見譚長真出來，都各迴避，待他走後，方報與主人得知。顧裕豐聞言，來在後面。見他原紙帖上添了四句話在尾後，你道哪四句？

休言雪月與風花　心正豈愁形影斜
不說喜紅手若玉　此身定作井中蛙

卻說顧裕豐見了這四句話，方知譚長真調戲喜紅是脫身之計也，嗟嘆不已。此話不講。

又表王玉陽自大魏村與眾道友分離之後，遊到房州地方。這房州北路有位官人姓姚名崇高，曾做過新安遊府，因看淡世情，告職還鄉，樂享田園。生平最是好道，見了出家人就如遇親人一般，管他有修行無修行，都要談敘一番。他附近有個「遇仙觀」，觀內住持也是道家，凡去來僧道，常在觀裏留宿。他曾預先囑吩觀主，凡有修行學好之人，必通知於我，觀主應允過了。

一天，來了一位不僧不道的修行人，自稱有道之士，常在人前賣弄神通廣大，說他有九十六歲，曾遇著張三丰數次，又會過呂洞賓幾回，達摩是他師傅，濟顛是他良朋，也會坐工一兩天不倒單。那日來在遇仙觀，說了些度人無量的話，觀主聽了入耳，問他姓名，他言號叫渾然子。觀主即引他去見姚老爺，一見面，他就說和尚是色中餓鬼，道士是氣中魔王，也成不了仙作不了佛，要像他這個樣兒，能把萬事看破，一塵不染方算當真修行，向他習道者，要活幾百歲。姚崇高聞聽此言，心中大悅，便拜他為師，留在家中供養。那老兒說話全無避諱，句句鄙薄僧道。其時遇仙觀的道人在側，聽見他談論僧道，心中不服，暗想：「這老兒好不懂事，我好意推薦他來受供養，他全不顧人顏面，當著我就謗毀僧道，不知但揭房上瓦，且看簷下人。他只圖姚老爺尊敬他，卻把我們來輕賤，必要另尋一個會打坐的人來，把這老兒鄙薄一番方遂我心。」想罷，卻辭了姚老爺，回到觀內。

過了幾日，恰好王玉陽來投宿，觀主見他氣宇瀟灑，必是有道之人，又見他終日打坐，精神爽快，要駁倒那老兒，非此人不可。欲與他說明，恐他不去，心生一計，即對玉陽說：「姚老爺家內來了一位大修行人，能坐十餘日不倒單，我欲同道友一路去訪他一訪，不知道友意下如何？」王玉陽聞言甚喜，遂與觀主同至姚府。門公即進內通傳，姚崇高親自出來迎接，同到客廳待茶。未及言談，忽見一個白頭老人走將進來，王玉陽將他一看，這老人生得粗眉細眼，鼻仰顴高，唇齒掀露，面方耳長，略施幾根鬍鬚，頭披幾根白毛，像個老婆子形。走進來，在上面椅子上坐下。觀主即與王玉陽講：「這位老先生，便是我對你說的那位大修行人。」王玉陽聞言，即上前與他見禮。那老兒昂然不動，把王玉陽全不放在眼裏，說：「你這道友，或是栽花，或是插柳？」王玉陽茫然不解，未及回答，那老兒又問：「你可有了妻室麼？」王玉陽只覺他問些俗話，便隨口答曰：「妻室倒有，如今抛別在家內。」渾然子呵呵大笑曰：「枉自你出家一場，連這幾句話都不知，我與你講，栽花是少年出家，插柳是中年出家，問你有妻室，是言可得了真陰消息嗎？你答我以世俗之語，是不知道也。若再問你懷胎之事，你更不懂。」

這渾然子當面羞辱人，王玉陽倒不介意，怎經得觀主臉上早已失色。王玉陽見觀主臉兒羞得通紅，不得不辯論幾句，大家顧一顧體面。乃笑而問曰：「適才老先生言說真陰，這真陰果係何物？又說懷胎，但不知胎從何處而結？所懷者又是何物？」渾然子一時答應不出，啞然笑曰：「玄機不可洩漏，豈可與汝輕言？」觀主見那老兒強言，知他不曉，便對王玉陽曰：「道友只管講來，量他不知，不要問他。」但不知王玉陽講些甚麼？且聽下回分解。

屢次誇大口　一問答不來

問題與討論／

1. 好道與學道有何不同？
2. 渾然子之所作所為，給予我們哪些省思？

第十八回

王玉陽以真服假　譚長真說古證今

聞說西方種異蓮　花開十丈藕如船
靈臺自有祇園樹　本地風光即佛天

話說王玉陽幾句切要的話，將渾然子駁倒，回答不上，觀主在一旁拍手大笑，催王玉陽只管說出來，不必作難他，量他也不能知。渾然子見觀主說他不知，便要作怒，王玉陽即為之解曰：「老先生非不知也，不肯言也！小道敢將此理說來，大家參詳，看是也不是；夫真陰真陽者，陰陽二氣也。真陽之氣藏於肝，真陰之氣聚於肺。肝者木也，聚魂之所；肺者金也，藏魄之地。金為兌女，木為震男，木旺於東，金產於西。故喻以東家郎、西家女。而欲使金木相逢，魂不離魄，魄不離魂，如夫戀妻，如妻依夫，此即陰陽會合之理。渾然老先生問我可有家室之話也，然必要借黃婆勾引，方得相見。黃婆者，真意也，言是必借真意會意，可使金木兩無間隔，方能如夫妻之好。意屬土而多情，其色黃而好動，故喻之為婆。東西往來，會通兩家，如媒妁一般。懷胎者是言真氣凝結於丹田之內，如有孕之狀。真氣具足，發現於神，故曰：神為氣之子，氣乃神之母，故有嬰兒降生之言。到此地步，大丹成也！可與天地同老，日月同休。」

姚老爺聞此言，稱讚不盡。渾然子恐怕王玉陽把他飯碗奪去，乃大言曰：「有德者必有言，有言者不必有德。要敢與我做坐功，要三兩日不沾茶水，方算有功夫。」王玉陽笑曰：「多的日子小道便不能坐。若說兩三天，愚下願奉陪。」說罷，兩個便賽起功夫來。就在客廳鋪下氈褥，並肩而坐。渾然本能坐三兩日，不沾茶水，只因要與玉陽比賽，已著了一點忿恨在心，遂致坐不安寧，生出許多煩惱。一時要想喝茶喝水，一時又出恭解洩，一日下單幾次。坐到第二日，便坐不住了，竟下坐尋飲食吃，打起瞌睡來了，睡得鼻鼾連天。王玉陽硬坐到第三日，方下單來，反覺神清氣爽。姚老爺再三誇獎說：「師傅坐工，老先生不能及也。」王玉陽曰：「非老先生不及我，因他年紀高大，人老氣衰。若我到他那般歲數，只怕坐半日也不能耐。」渾然子聞說，心頭悅服，重來與他談敘，不敢自高自大，漸漸虛心下氣起來。

王玉陽在姚府住了幾日，也教了他幾段玄工，兩下甚是相得。一日王玉陽推說到遇仙觀取單行，一去數日，不見回來。姚崇高打發家僕去問，觀主說他當日便走了。姚老爺聞聽此言，跌腳長嘆，自謂無緣，渾然子亦有不捨之意。

丟下王玉陽之事，又表劉長生與眾道友離別之後，南遊一遭，復往東魯，在泰山精修三年，得成正果，飛昇上界，赴宴瑤池，參拜王母。見王母身後有數十輩仙女簇擁，容顏殊妙，世間罕有，難描難畫，可愛可羨，未免一念之動，將眾仙女偷看了一眼。王母問曰：「汝瞧她們，意欲何為？」劉長生聞王母之言，自知失禮，惶恐謝罪，俯伏奏曰：「臣偶見霓裳飄舞，彩袖展揚，無意之間，將仙女瞧了一眼，其實並無別意，望慈顏赦宥。」

王母責曰：「人我猶存，色相未空，縱使金丹成就，不能超凡入聖，可再下凡間，苦修苦煉。」即命仙官送下。南天仙官奉了王母之命，領著劉長生來至南天門，劉長生正要乘雲氣而下，早被仙官推了一掌，跌下南天門去，忽然驚醒，才知是夢幻。回思瑤池之事，真乃一念之差，況重陽先生也曾說過：我於丹道俱優，只是色相未空。今夢入瑤池王母責備之言，正與先生相同，但不知這段工夫如何做法？必須下得山去，訪一位高人指示，於是下得山來，行不數日，遇見譚長真，各將往事訴說一遍。劉長生曰：「你不受顧家供養，念頭不為不正，我在瑤池錯瞧仙女，念頭不為不差，今欲煉空色相，未識從何下手？」譚長真曰：「昔者許旌陽少年之時，專好射獵。一日獵於山中，箭射小鹿，小鹿帶箭奔逃，旌陽率家人遍山尋覓，得二鹿於山凹。小鹿臥地，大鹿與之舔傷，見人來，大鹿也不走避，俱被所獲。回家釋縛，二鹿已斃，剖腹視之，母鹿腸已寸斷，其小鹿雖受傷，而腸卻完好。可見痛子之心，比受箭之苦分外痛切。旌陽睹此情形，心中惻然，遂將弓箭拆毀，入山修煉，得成正果。意欲化度十方，乃登臺說法，收得有弟子數百餘人。

一日旌陽對眾弟子說：『汝等數百人不為不多，棄家學道不為不虔。但修行之人，要看空色相，汝等能見色不貪乎？』眾弟子齊應曰：『若論財氣與酒，或者未能盡去，至於色字我們原看得淡，並不貪他。』許旌陽曰：『汝等說得這樣乾淨，只恐未必。』眾弟子答曰：『我等豈敢妄言騙哄師傅。』許旌陽曰：『我有一法，可試虛實。你們每人各準備木炭一段，要二尺餘長或三四尺更好，放在床上伴你睡一夜，到明日早晨起來，交與我看，自有的確工夫傳與汝等。』眾弟子聽了此言，不知其故，各去準備木炭置於床上。

是夜，弟子一覺瞌睡醒來，身旁有人同睡，以手摸之，溫軟如綿，光滑似玉，再探下體，卻是女身。慾火忽熾，按捺不住，即與之綢繆。真陽既洩，猶依依不捨，相抱而眠。及至天明，外面喊叫：『快來交炭，師傅等候多時了。』眾門人從夢中驚醒，人人懷中抱著一段木炭，正在驚疑，外面又在喊叫：『只得穿上衣服，前來交炭。』旌陽吩咐眾弟子站立兩班，挨一挨二來交。眾弟子聞言，不敢違拗，站立兩邊，即有一人上前交炭。許旌陽問曰：『你有多大年紀？』其人曰：『弟子今年七十六歲。』許旌陽說：『你偌大年紀，為何把這色字看不破？』其人答曰：『怎見得弟子看不破？』許旌陽曰：『既然你把這色字看得破，你那炭上糊的是啥？』其人將炭一看，半腰之間，有些淡淡的白點，形跡穢污，始知是昨夜所洩真陽，自覺無顏，低頭喪氣，不敢做聲。眾人才知昨夜所淫之女，即木炭所變也。再看炭時，形跡更多，都怕出醜，各個呆立，不來交炭，連催幾次，毫不動彈。只有一人笑而上前，將炭呈上，毫無跡印。許旌陽問曰：『色者人之所好，汝緣何不好？』那人答曰：『弟子從色中煉出來的工夫。』許旌陽問他怎樣煉法？他說：『凡有所好，必有所懼，始則恐不得到憂，既到了手，朝歡暮樂，不肯休歇，久則神衰氣弱，又懷性命之憂，是以懼也，懼甚必避，故對境而忘情，絕慾以保身。我幼年之時浪蕩不戒，終日眠花臥柳，竟年不歸，把那煙花院當做自己屋裏，見過了許多美貌嬌姿，說不盡無數風花雪月，弄傷了神，懼而欲避，避不可得故逃在此而學道，欲保全性命，不復貪戀美色，此無他巧，不過見多識廣，經歷過來。』許旌陽聽罷點頭。即將眾弟子遣回，單留他一人傳以道妙，後來也成了正果。以此論來，凡事總要經見過，見得多，方才看得淡、丟得下。」

譚長真把這一輩古人講完，劉長生曰：「我原無意於內事，不過悅其外貌，他日當往煙花院去，覽盡油頭粉面，做過見多識廣，使眼睛空闊空闊。」譚長真約他到晉地，看道祖降生處。二人走了多日，路上會著王玉陽同往前行，王玉陽便將姚府渾然子盤道之事對他二人講說一遍。劉長生笑曰：「倒便宜了這老兒，把我們的道妙被他得了去。」王玉陽曰：「若不是我會坐工，那老兒猶不肯服。」譚長真曰：「這樣看起來，坐工是我們學道之人的打門棰，凡在吾門者不可不學也。」三人邊走邊說，忽聽後面有人喊叫說：「你們走得好快。」不知此人是誰？須看下回分解。

嬌姿原是粉骷髏　暮樂朝歡總不休
一旦無常萬事了　夜臺難逞舊風流

問題與討論／

1. 從王重陽與渾然子之對答與比坐工中，我們得到哪些啟示？
2. 人我猶存，色相未空，為何不能超凡入聖？
3. 對於許旌陽試徒之故事，你有什麼感想？

第十九回

論玄機四言契妙道
開石洞一人獨勤勞

陷溺沈淪已有年　愛河滾滾浪滔天
修行自可登高岸　何用中流更覓船

話說劉長生和王玉陽、譚長真三人，正行之際，忽聽後面有人喊叫，三人掉頭觀看，卻是郝太古。當下彼此相見，各敘離情，四人同行，到了苦縣地方，尋到太上降生處。見有九井環著一座八角亭，亭邊有株李樹，相傳太上生於李樹下，四人步入亭內，亭中間有座石碑記著降生之事，上言盤庚時改商為殷，殷之五年，此地有居民，善曉數理，能知過去未來之事，清靜涵養之功，終身隱避，不求聞達，居民有女，年十九未擇婿，此女淑性幽靜，不喜言笑。一日偶到李樹下，見枝頭一李，鮮紅可愛，摘而吞之，遂成身孕，因女無夫而孕，偶有浮言，居民推察數理，知有大聖人降世，故善為扶持，女得無恙。聖胎在腹，選擇年月降生。選得好年又無好月，選得好月又無好日，選得好日又無好時，選來選去，選了八十一年。其時聖母已滿百歲自懷聖胎，不飢不寒，無病無災，是年二月十五日到李樹下散悶，太上裂母左脅而降，生而白頭，下地便能行走，上前七步，退後三步，大叫三聲『天上地下，惟吾獨尊！』叫畢，半空中仙樂嘹喨，香風飄渺，玉女散花，九龍吐水，沐浴其身，所沐處遂成九井。太上神智無倫，聖德如天，指李為姓，因生而白頭，時人呼之為老子，此降生之由也。其他神異載於經史，歷有考證，非無據也。劉郝諸人看畢，讚曰：太上道風遺範，千秋永垂，萬古稱揚，不盡迴思，你我悟道多年，玄工奧妙，未知誰劣誰優？對此仙境，無妨吐露玄機。

郝太古曰：「慧劍高懸星斗寒，群魔束手難生端，蒲團坐斷三更月，九轉還丹龍虎蟠。」王玉陽曰：「仙亭覽古敘溫寒，考證玄工最的端，捉得金烏並玉兔，自然虎踞與龍蟠。」譚長真曰：「道法無邊神鬼寒，超凡入聖豈無端，一拳打破癡迷網，偃月爐中龍虎蟠。」劉長生曰：「提起令人心膽寒，霓裳飄處始生端，聰明反做痴迷漢，說甚仙山龍虎蟠。」四人說畢，王玉陽復又問曰：「我等三人所言，皆契道妙！言勝不言敗，然何劉師兄不言勝而言敗，短人之興，恐非道妙也！」譚長真曰：「心膽寒非道也！癡迷漢非妙也！然而能使膽寒，不可謂之無道。能識痴迷，不可謂之無妙。是不言道妙，而道妙在其中也！不以勝敗論之，有何興之可短？」郝太古曰：「劉師兄之所言，非止於此，必有別故。」譚長真笑曰：「不錯不錯！劉師兄瑤池赴宴，偷看仙女，王母作怒，復降人世，是我二人中途相遇，他對我言，我答他以木炭試道，旌陽主意，他聞我言，一心要去。」譚長真講到這裏，便住了口。王玉陽問曰：「他一心要做甚麼？」譚長真曰：「他要去紅粉隊裏悟道，絲竹場中參玄，重用工夫，以空色相。」王玉陽曰：「視之不見，聽之不聞，自無色相。」郝太古曰：「不如人我兩忘，色相自空。」劉長生曰：「二位之言，上士至人方能行之，我今欲以多見為妙用，廣識做工夫。」

王玉陽與郝太古皆曰：「煉色魔者，古今不少，未聞如此之煉也。」譚長真曰：「有志者可以使巧，無志者可以守拙，各有妙用，不必深言。」說畢，天色已晚，四人即在亭內打坐過夜，到了次日，分路而去。

單言郝太古行至華陰道上，猛抬頭見一座高山，其形如掌，高聳雲霄，前次送師西歸，靈柩壓著肩頭，顧不得張望，故未曾見此山，今則散淡逍遙，一路之上，少不得觀山望水。一眼瞧見，心甚仰慕，又憶師言：所見之處，即了道之地，乃登臨其上。見萬山俯仰，低於其下，昔寇萊公有詩曰：

只有天在上　更無山與齊
舉頭紅日近　迴首白雲低

原來這一座山，乃西嶽太華仙山，山上有宮觀十餘處，皆有道人焚獻香火，甚是繁雜。郝太古乃覓一僻靜處，自己原會石工，遂去製造錘鑽，運用神功，在石壁上鑿成一洞，堪能容膝，正欲入洞靜養，忽然來了一位道友，身揹蒲團，手拏便鏟，要求郝太古把此洞讓與他打坐。郝太古未及回言，他竟自走進洞去，將蒲團鋪下打坐起來，管他肯與不肯，把洞先自占了。郝太古是個心慈面軟之人，說不得將這洞子就讓與他去。又往上走，見路傍有一大石高數丈，即將此石開鑿，又費盡了手足，方打成一洞，比先前那個洞子略寬大些，心中甚是歡喜，誰知又來一位道友，說：無處打坐，你老人家何不將這洞子慈悲於我？郝太古是個修行人，便滿他心願，將洞子又讓與他去。一連十餘天，費盡千辛萬苦，打了七十二洞，就來了七十二人，把這七十二洞都求他讓了。郝太古仍然無處修養，尋到後山，見一個去處，可以鑿洞，卻在萬丈石壁之中，燕飛不到之處，若在那裏打成一洞，任他飛得起的道友，也走不到那裏來。然而無路可通，必墜繩而下，升繩而上。郝太古看罷，下得山去，便將經年所積募化的資財，買了一根長繩，半路上又收了一個老實徒弟，師徒一路上得山來，將長繩拴在一株大樹上。郝太古帶了鑽錐，手拿長繩，足蹬石壁，緩緩而下，直達其所，其間原有一隙之地，可以坐立，每日只管打洞。那老實徒弟，與他造飯，郝太古每日只吃一餐，要晚間才回來，這老實徒弟，煮得不耐煩，心中想道：「我只說學道清閑，誰知要我煮飯，是這樣辛苦我，來學道何益？」即起了不良之心，暗將柴刀帶在身邊，知太古吃了飯，必要去打洞，他卻隨後跟來，見太古揶住長繩，正在下墜，老實忠厚的徒弟，取出刀來，一刀將繩斬斷。那長繩往前一縮，墜下萬丈懸岩，不知郝太古生死存亡。今人有好事者，在郝祖洞石壁上寫了四句話。你道哪四句？

君子小心小心　　下去九里三分
人從華陰墜下　　商州去把屍尋

且說那老實徒弟，將長繩一刀砍斷，把師傅墜下萬丈懸岩去，以為一定摔成肉泥，便將他舖蓋行李，盡行收拾，背起就走，往前山下去。走有十餘里，到一大石邊，見山下走來一人，好像師傅，仔細一觀，可不是他，大吃一驚，汗流夾背，劈頭一碰，說不得要喊聲：「師傅往何處去來？」郝太古微微笑曰：「只因這鑽子鈍了，我往商州吳鐵匠家裏鐫鑽子去，你今背著單行，意欲何往？」那老實徒弟答曰：「我見師傅久不歸來，特到此接您。」郝太古呵呵大笑曰：「真是好個孝順徒弟，師傅才一個時辰未歸，你便如此費心，背起單行來接我。這山上還有十一二里路，太陽只有三丈多高，怎麼走得到？若不是你把舖蓋背來，今夜難免受凍。」郝太古說罷，往前走了，丟下這徒弟在大石之下，左思右想：我這個師傅真不知是何來頭，這般高的懸岩，把他摔不死，是他勞苦未盡，又要費打洞之力，不得逍遙。又想：他如此行為，莫非成了神仙，不然，如何把他摔不死，又回來這樣快當？況見了我，只是發笑，並不嗔恨，也算是個大量之人。我今錯過這個師傅，普天之下，再尋不出第二個像這樣慈悲之人，看來多半是我的不是，不如仍上山去服侍於他，看後來有個出頭之路否。於是隨後跟來，見了師傅說：「長繩已斷，如何能去打洞？」郝太古曰：「這也無妨，待我跳將下去。」說罷，將身一縱，跳下萬丈懸岩而去。欲知後事，且看下回分解。

身體輕快如飛雲　何懼懸岩萬丈高

問題與討論／

1. 郝太古打山洞之過程，啟示了我們在修行過程中的哪些工夫？

第二十回

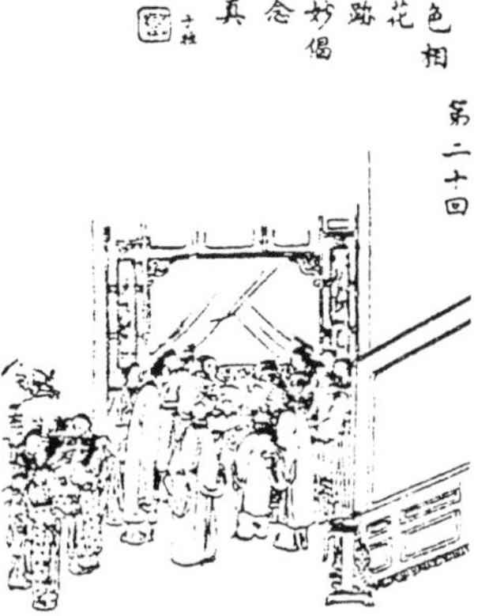

煉色相煙花混跡　說妙語道念純真

見美如無不動心　工夫到此自然深
有人學得真空法　虎嘯龍吟邁古今

話說郝太古是得了道的人，如何摔得到他。徒弟斬斷長繩之時，他已脫了凡體，今者不過來顯一顯道，使後世人知神仙原可學也。他那徒弟見師傅跳下石壁，心中駭然，候了幾日，不見上來，各自去了。

話說劉長生一心要煉色魔，聞聽人言：蘇、杭二州出美女，即往蘇杭而來，撿了幾塊頑石，點成黃金白銀，退去道裝，買了幾件綢緞衣服，穿戴起來，大搖大擺，走入煙花院去，鴇兒接著，未免問敘。劉長生對她講說：「我號叫長生子，燕山人氏，採買珠寶至此，出外久曠，要尋一位最好的姐兒，散一散心。」那鴇兒聽說是珠寶客，知是財神菩薩來了，堆下笑臉，加倍奉承，即引他到一個頂絕色的姐兒房中。這姐兒名叫似玉，也算得煙花出名的妓女，彈唱歌舞，件件都能，能寫能畫，又會吟幾句詩，婀娜可愛。這似玉見得長生子，氣宇瀟灑，言語溫和，又且大大方方，並無一點慳吝之心，這般好客，如何不接？遂放出十分溫柔，百般嬌姿，舞乖獻媚。

長生子依著重陽先生那兩句話：「泰山崩前而不驚，非故不驚也，崩前而若未崩前也；美女當前而不動，非故不動也，當前而若未當前也。」長生子依著師傅這兩句話，把心頭弄得空空的，一無所有，魔障無由可入，枉費了那姐兒千般情態，萬種風情，不能動他的心。這心乃一身之主，心不動而身自靜，其他意念都聽心鋪擺，心不動，他也不敢動。只有眼睛和耳朵是兩個好事的人，見了好色，聽了好音，要來報與心知道。長生子把這心恭維得好，叫他不要信耳朵、眼睛的話，免得誤了大事。這心果然依他之言，便裝成個不識不知的樣兒，好比那小孩兒一般，只知戲耍，不懂情事。就睡在一床，同一個枕頭，無非是一張臭皮囊，陪著一個粉骷髏，也沒甚麼大趣，不過是紅紅綠綠，難免於眼，叮叮噹噹，難免於耳。長生子又把眼睛、耳朵恭維一番，教他一個方法：見如不見，聽如不聽。他兩個當真依了他的方法，一個裝瞎，一個裝聾，雖與那姐兒同起同落，畢竟還不識他是何等樣人，有哪些貴重。

話說劉長生因把心主、眼睛、耳朵這三位老人家恭維得好，這三位老人家保著他在煙花院內，修成了一位真仙。此時，更不拘形跡，常在那些妓女房內玩耍，那些妓女見他肯花銀錢，見長生子與似玉並肩而坐，隨手將那鮮花與長生子插了一朵在頭上，又要脫他那男衣來換女衣，將他胸前扣解開。忽聽外面有人咳嗽一聲，闖進一位胡僧來，面黑鬚短，眼大眉粗，額拱鼻高，形容古怪，嚇得幾個妓女，都躲在長生子背後，連聲也不敢作。你道這胡僧是誰？原來是西土達摩祖師遊南海轉來，路過杭州，見有紫霧騰空，起自院內，應真仙降世，然何流落煙花，意欲前來點化，度化一番。進得院來，正值眾妓女與長生子戴花脫衣，鬧在一團。院內鴇兒埋著頭在收拾箱櫃，其餘的妓女都在各人房內打盹，聽見後面嬉笑之聲，一直闖將進來。長生子一眼瞧見，知是異人，急忙起敬，請他坐下，見桌上有把銅壺，壺中水冷，沖不起茶，一時燒之不及，忙將銅壺拿來，放在肚皮上運動火工，霎時壺內轟轟響起來了，壺嘴熱氣衝出，知水已滾，另取了一撮頂細毛尖茶葉，放在茶碗內，沖上滾水，雙手捧來，奉敬達摩。這幾個妓女見這希奇，只管呆呆望著，齊稱古怪。長生子笑曰：「這乃五行中一點真火，何怪之有？我還能在肚皮上打餅子、烙鍋盔。」眾妓女聞言不信，有的去取麵，有的去弄水。頃刻做成一個碗口大的餅兒，拿來叫長生子烙熟。長生子接在手中，放在肚皮上，左轉三轉，右轉三轉，餅已帶熟色，翻過來又轉了幾轉，餅已熟成，交與眾妓女，被那些妓女你扯一塊，我撕一下，將這餅子吃了。

達摩是看空了世界的人，把萬事都不放在心頭，生平不與人計較，有十分涵養廣大的慈悲，若是包羅淺淡的人，豈不也要顯一顯道術？他全然不動，反裝出幾分憨來說：「你這個法兒倒好玩，我回頭來要與你學一學。」說罷，拱手而別。臨行說了四句話曰：「既識東來路，西歸勿教差，休將真性昧，久戀不歸家。」劉長生聞聽，也回答了四句曰：「空空無一物，怎得念頭差，此身誰作主，何處是吾家。」達摩聽了這四句話，知他是有修行之人，也不再言，飄然而去。

又說玉陽南來，因在苦縣長生與他講道：要到蘇杭煉魔。一別年餘，也恐長生子久在煙花，迷失真性，故此前來探訪，意欲勸他早歸山林。是日來到杭州，走了幾處院房，尋不著他，到此經過，見兩個油頭粉面，站立門前，他便走至跟前，意欲問個下落。那兩個妓女見他過來，便笑嘻的問道：「你這道長，莫非來會那位肚皮上烙鍋盔的客嗎？」王玉陽聽這言語蹊蹺，疑是長生在內，便隨口答曰：「正是來會他的。」有一個妓女曰：「你既要來會他，可隨我來。」說罷，遂往內走。王玉陽隨後跟了進來。你道那兩個妓女，如何知道他的來意？因昨見那胡僧身穿大領，手拏便鏟，今見玉陽也是穿大領、拿便鏟，猜他是來會那客人，必又要耍一個把戲，落得一看，故引他進來。將至門房，忽聽鴇娘喊叫，他兩個撇了玉陽，竟自出去。

王玉陽見房門半掩，用手推開，果見長生子陪著一個絕色的妓女，坐在床邊打瞌睡，玉陽一見，忍不住笑。桌子上有個火煤筒，拿過手來，輕輕將火敲燃，向著長生子臉上一吹，煤火亂飛，撲在那姐兒面上，燒著細皮嫩肉，猛然驚醒，用袖亂拂，口中嚷道：「是誰在此弄火燒人？」長生子笑曰：「魔頭與我戲耍。」王玉陽亦笑曰：「我與魔頭戲耍也。」長生子隨口答曰：「你說我魔我便魔，一魔可以免蹉跎，你今弄火燒人面，彼此較來魔孰多。」王玉陽正要與他相敘，劉長生曰：「快去快去，有人在楚地等你，自可同登道岸。」王玉陽問：「師兄幾時走？」長生子說：「走時我自走，不必定日期。」玉陽聽他說話有因，略一拱手，出了煙花院，向楚地而來，在途路遇著譚長真，都說奔走無益，不如靜養有功。二人共入雲夢，修煉數年，得成正果。譚長真著有《雲水集》，王玉陽著有《雲光集》。譚長真四月初一飛昇，王玉陽四月二十四日飛昇。

又說長生子在煙花院煉空了色相，離了蘇杭，仍回東魯，入山靜養。於嘉泰三年癸亥歲二月初八上昇，著有《真修集》。再言郝太古在太華山修養多年，於乙丑歲十一月三十日上昇，著有《太古集》。七真之內了局四位，只有邱長春、馬丹陽、孫不二三人之事未了。

就從孫不二講來，她在洛陽苦修一十二載，大道成就，變化無窮，便知馬丹陽在家看守，終難了道，意欲回家指點於他。又想：我在洛陽多年，人人都喊我做瘋婆，若不顯一顯道，怎能化度人心？即出窯外，折了兩椏樹枝，吹了兩口真氣，喊聲變，那兩椏樹枝即變成一男一女，你拉我扯，往洛陽城內去了。百姓們看見瘋婆子挽著一個無名男子，在街上跑上跑下，抱肩摟腰，罵又罵不走，打又打不退，如何不氣？況這洛陽是通都大邑、禮義之邦，豈容她胡鬧？大家商量，要收拾他二人，不知收得她、收不得她？且看下回分解。

自古街道宜靜雅　　豈容男女亂胡為

問題與討論／

1. 劉長生在妓院，以多見為妙用，廣識做工夫，是否應先具備哪些條件？
2. 現今修道要和光同塵，但世間就如一大染缸，我們要如何修行？

第二十一回

孫不二洛陽顯道術
馬丹陽關西會友人

休教六賊日相攻　色色形形總是空
悟得本來無一物　靈台只在此心中

話說孫不二將樹枝化為一男一女，容貌類己，每日在街上摟項抱肩，打也打不退，罵也罵不走。街坊無奈，夥同上了一稟：

「閤城鋪戶人等，具稟請正風化，以肅街坊事。情因數年前，遠方來一瘋顛婦人，棲身城外破窯中，我等念其疾苦，不忍驅逐，常給與飲食，活其性命。今瘋婦同一男子，每日摟肩抱項，嬉笑玩耍，屢次驅逐不去，實屬不成事體。洛陽乃通都大邑，南北街要，何堪當此醜穢，貽笑外方，伏望廉明作主，殄此妖男妖婦。」

那洛陽縣的縣主見了這張稟帖，沈思半晌，提筆判曰：

「所謂瘋顛者，迷失本性也。以為不曉人事，故凡事免咎。今據此稟，是本性未迷，而故作瘋顛也。男女同遊，原干禮法，摟肩抱項，大傷風化，白晝尚敢如此，夜來不言可知。街坊非作樂之所，破窯豈宣淫之地？既驅逐不去，必殄滅形蹤，俟其歸巢穴，勿惜一車之薪，舉火而焚之，使絕其種類也。」

判畢，衙役傳出，街坊得了這個判語，便各執柴薪一束，向破瓦窯而來。正走之間，見那瘋男顛婦，攜著手兒進窯去。眾街坊人等吶喊一聲，將柴薪往窯中拋去，頃刻之間，把這瓦窯堆成柴山，點起火來，烈焰騰騰，火星亂飛。忽一股濃煙從窯孔內冒出，化為五色祥雲，雲中端坐三位仙人，當中坐著那人，正是在街上胡鬧的瘋婆子、顛女人。那瘋婆子、顛女人在雲端上，對眾街坊人等說：「我是一個修行人，家住山東，姓孫名不二，借瘋顛隱身，在此修煉一十二載。今者大功成就，意欲借火飛昇，故將樹枝化為一男一女，牽引諸公到此。今承列位相送，當保合地安寧，將此一男一女送與諸君，以作實據。」說罷，即將左右二人推落雲端，滾將下來。眾人慌忙用手接著，才知是兩椏樹枝，俱各大笑。再看那瘋婆時，已入雲漢，身漸渺小，轉眼之間，只見一點黑影，如鴿子一樣直往上沖，漸小如錢，如豆而沒。眾人望空禮拜，果然一連幾年風調雨順，物阜民豐，眾人感她盛德，修了一座三仙祠，凡有祈禱，無不感應。

又說孫不二回到山東寧海縣，進得庄來，早被馬興一眼瞧見，忙來迎接。孫不二一直走入廳內住下，馬興即去報與員外得知。馬丹陽即出來相見說：「孫道友辛苦。」孫不二曰：「師兄何言辛苦，這苦字乃是我們修行人的考證，受不了苦，焉能修行。」正言之間，眾童僕俱來參見，不二用好言安慰。是夜同馬丹陽並肩打坐，馬丹陽一夜之間，也要下來數次，孫不二坐到並未移動。馬丹陽曰：「我看孫道友的坐工比我強。」孫不二曰：「不惟坐工比你強些，更有玄妙比你強十分。」馬丹陽曰：「你休小看我，我能點石為銀。」孫不二曰：「你能點石為銀，我能點石成金，但金銀了不得生死，成不了神仙，原無用處。昔純陽呂祖跟著鍾離老祖學道，老祖以錦帛裹一物，重有數十觔，使純陽負之。背負三年，兩膀磨穿，毫無怨言。一旦老祖命純陽啟裹視之，乃石也，純陽亦不嗔恨。老祖曰：『雖是頑石，可點成金也，不枉你背了三年。』說罷，用手一指，那塊頑石變成黃金。向純陽曰：『我將此點石成金之法傳你如何？』純陽問老祖曰：『化石為金，可保永無更變否？』鍾離老祖曰：『所點之金與真金不同，真金始終如一，所點之金五百年後，仍變為石。』純陽呂祖便向老祖辭曰：『如是，則弟子不願學也。此術與利於五百年前，遺害於五百年後，豈不誤了五百年後之人，故不願學也。』鍾離老祖嘆曰：『子之道念，我不及也，證果當在我之上。』以此論之，這點石成金的妙術，只會遺害後世，於道有何益哉？」這一些話，說得馬丹陽默默無言。

又一日，孫不二燒了一鍋滾水，用桶提入房中，傾在浴盆內，請馬丹陽沐浴。時當八月，天道尚熱，只見那水氣騰騰的，不可下指。馬丹陽用手探了一下，險些燙成泡，連聲說道：「難浴！難浴！」孫不二笑曰：「你修了多年行，連這點工夫都沒有？待我浴來。」說罷，解衣就浴，揚湯沸水，毫不言熱。浴畢，披衣起坐，馬丹陽曰：「你我同師學道，一般用工，為何你的道術比我強些？」孫不二曰：「傳雖一樣，煉卻不同。我在洛陽苦修了一十二年，方得這些玄妙；你在家中樂享安閒，守著這幾間房子，寸步未移，不肯苦修，怕離巢穴，焉能得此妙用？」馬丹陽：「師傅羽化昇仙之後，無人看守莊廊，故未遠出。今得道友還家，可以付託，我也要出外訪一訪道。」是夜，換了道裝，待天色微明，趁著眾人在睡。悄地出了莊門，無人知覺。孫不二見丹陽出外，此去必要成道，留此許多錢財何用？拿來修橋補路，周濟貧寒，又過繼馬銘之子，接起馬鈺宗枝。諸事停妥，遁入泰山玉女峰，修養數年，於二月十九飛昇。

又說馬丹陽離卻寧海縣，不知往哪裡去才好，猛然想起師傅墳墓在陝西，何不往陝西一遊？主意打定，即往西來。一日，到了長安，遠望前村出來一位道友，好像邱長春一樣，心中想道：「管他是不是，等我冒叫一聲。」於是大叫一聲：邱道友。那人聽見，如飛一般跑到面前，果然是邱長春。當下彼此相會，見禮已畢，同坐路旁。馬丹陽問他這幾年走過哪些地方？工夫煉得如何？邱長春答以師傅墳台在此，不忍遠離，煉性之工，未敢拋荒。馬丹陽笑曰：「師傅是得了大道的，焉能得死？所謂死者，不過欲絕後人妄想成仙之意也，豈真死乎！煉性者，內功也，德行者，外功也。先生曾言內外兼修，方可謂之玄妙，汝今自謂未敢拋荒，豈不謬乎！」邱長春聞言，恍然大悟，忙向丹陽謝曰：「師兄之言，終身暗昧今得一言開悟，實邱某之幸也。」又將送靈柩之時，得見師傅之面，對馬丹陽敘說一遍。丹陽曰：「師傅常說你不能韜光晦跡，一味逞乖弄巧，成道當在六人之後，汝今不可不戒。若能躬自思省，藏其智巧，敦其樸實，我當將師傅傳我之道，盡傳於你。」長春聽罷，喜之不盡，遂引他同到大魏村，拜謁先生廟宇。又到終南山下，參過墳台，然後作伴共遊荊襄。

邱長春深自改悔，潛形斂跡，不復逞乖弄巧，馬丹陽果將道妙玄機與他指撥，邱長春勤參妙諦，不敢懈怠。馬丹陽見楚地風光繁華，不及陝西樸實，仍同長春由襄河而達斜谷。一日天降大雪，二人困於冷廟之中，共一個蒲團打坐。你道二人為何共一個蒲團？只因邱長春到馬家莊學道之時，並無道家器具，後同重陽先生下江南，馬丹陽將自己所製衲衣、蒲團、便鏟一並周全他。後送先生靈柩之時，將這蒲團裹著衲衣，捎在棺上，帶過陝西，這幾年把衲衣穿得巴上加巴，蒲團倒還未破。馬丹陽在家中打坐，自有氈褥，故不曾重製蒲團。臨行又走得慌迫，只帶了幾件換洗衣服、數兩散碎銀子，遇見邱長春時幾兩散銀都用完了，一向全憑長春募緣度日，一人化來做兩人盤費，那裡還有餘錢去辦蒲團？故此二人共這一個蒲團，背靠背打坐。修行之人原不求安逸，只要能將就，便可以了結。且說馬丹陽和邱長春在斜谷冷廟內打坐，是夜下了一場大雪，平地雪深三尺，這斜谷又在萬山之中，離人戶又遠，無從覓食。二人餓了三日三夜，邱長春忽起了一個念頭，但不知甚麼念頭？且看下回分解。

飢寒逼迫難言苦　　怎不教人妄念生

問題與討論／

1. 孫不二將樹枝化為一男一女，在街上摟項抱肩，其用意何在？
2. 你對於點石成金之法，看法如何？
3. 馬丹陽為何成道在後？

第二十二回

分蒲團大道不戀情
問相法當面把人量

作善如登百尺竿　下時容易上時難
只須勤力行功果　莫使身中膽氣寒

話說馬丹陽同邱長春在斜谷冷廟打坐，被雪阻隔，不能出外化齋。邱長春不識馬丹陽是有了道的人，只憐他是富家出身，如何受得如此冷凍，這般飢寒，焉得一碗粥湯與他解解飢渴，意欲去尋一個人戶化一碗齋來供養他。走出廟來一望，只見雲橫秦嶺，雪滿千山，莫說看不見人戶，連路影兒都被雪壓了，不知從何下腳，若勉強走去，難免滾入雪窖，不惟粥不可得，而性命亦不可保也。看罷，仍進廟來坐下，因憐馬丹陽飢餓，動了這想吃粥湯的念頭，擾亂了神氣，心緒不寧，坐不安穩，一夜之間被這念頭打攪屢難止息，早驚動本境土祇，慌忙到山凹裡張老兒家中去托夢。張老兒正睡到神魂顛倒之際，忽見一個白髮老翁走進屋來說道：「我廟裡有兩位修行人，被雪阻礙，餓了三日三夜，你快起來煮些飯食送去，與他們解一解飢渴。」說畢不見。張老兒猛然驚覺，便將老婆子喊醒，說明此事。老婆子生平最是信神，聽得此言，忙起來將火燒燃，又喚兒子媳婦一同起來，大家煮飯，便將他丈夫之夢與他們說知。這兒子媳婦也是歡喜，不久將飯煮好，天色已明，老兒也起來了，即命兒子將飯送往冷廟裡去，請他二人用飯。馬丹陽以為是鄰近的人見他們挨餓，起惻隱之心送這飯來，以解飢渴，也是有之，遂同長春將飯吃了，道了一聲謝，仍自打坐。張老的兒子見他二人吃畢，便將碗筷收拾，各自去了。

馬丹陽坐到午後，方起身出外，看看天色，見那邊來了一人，恐惹牽纏，忙進廟來。正欲坐下，只見邱長春站起身來，說道：「看來修行之人，也有感應，我昨夜恐師兄難忍飢餓，偶起一念，怎得辦點粥湯來，與師兄解一解飢渴，這念頭一起，今早即有人送飯來，豈不是有感應嗎？」馬丹陽勃然變色，怒曰：「君子謀道不謀食，你不思進道之功，一味貪於飲食，豈不聞過去心不可存，現在心不可有，未來心不可起。你今三心未了，一念不純，焉能悟道？我今不再與你同行，就此分單罷。」長春聞言自悔，錯起念頭，好言相挽，二人正言之間，廟外來了一人，此人因家內柴燒完了，是來砍廟前這幾根樹枝的。馬丹陽見他手裏拿得有柴刀，即借來一用，那人不知何用，即將刀遞與他。馬丹陽將刀接過，把蒲團拿來砍作兩斷，將刀交還那人，對長春說道：「一個蒲團分作兩段，你一半邊，我一半邊，各自辦功，勿得始勤終怠，自誤前程。」說畢，出外而去。

邱長春哪裡肯捨，隨後趕來，卻被砍樹之人看見，說：「這般時候，師傅往何處去？」邱長春見問，忙答曰：「要去追趕我師兄。」其人四下一望，並無人影，說：「你師兄往何處去了，我卻看不見。」邱長春指中間說道：「他往這路上去了。」那人曰：「這路幾十里無人煙，天色已晚，又在何處投宿？不如聽我相勸，暫過一夜，明日再去尋他不遲。」長春曰：「如此你可幫我喊叫幾聲，或者他聽見肯回來也未可知。」那人即在樹上大叫：「道長快回來，去不得！去不得！」一連喊了十餘聲，並無響應，下得樹來，收拾柴枝回家去了。原來馬丹陽此時道果已成，故與長春分別，使他自修自煉，好用工夫，若在一路，反耽誤他的前程。是日出得廟來，即借土遁，一直到河南嵩山靜養，於嘉泰甲子歲十二月二十七日飛昇，著有《修真語錄》傳世。

七真之內了局六人，只有邱長春尚未修成。自馬丹陽與他分單之後，深加勉勵，立下幾種誓願，製成一首除妄詩曰：

妄念萌時不可當，飢思飯食渴思湯；
今將妄念一齊了，改換曩時舊肚湯，
妄得人財筋骨斷，妄貪人食口生瘡；
般般妄想總消盡，身內空空無所藏。

詩成，喜之不盡，行了月餘，不免有所遺忘，乃於木匠鋪要了一塊板，做成一個小小牌兒，借來筆墨，寫了八句話在牌兒上，以便怵目驚心。你道哪八句話：

妄念欲除除不清，今於牌上寫分明，
妄言妄語齊除盡，妄想妄貪俱掃平，
妄接銀錢手爪斷，妄貪飯食口生瘡，
時時檢點身邊事，莫教七情六慾生。

邱長春將牌兒寫好，帶在身旁，每日總要看一兩遍，正是妄止一分，功深一步，將這除妄工夫，漸漸煉得純熟。東遊西蕩，一日來在河東地方，見路旁有座莊院，甚是整齊，莊門大開，時當晌午，便去化齋。見一個小廝從內出來，邱長春與他說：「我是遠來，特到善莊化一飯。」小廝聞言，即入內去，去不多時，手捧一盤飯食出來，放在莊前石墩上，便請長春用飯。長春正要來吃，忽見一位老人有五十餘歲的樣兒，鬚髮半白，從內出來，將長春瞧了一眼，用手在盤內取了兩個蒸饝給與長春，其餘仍叫小廝拿進去。邱長春一見，心中不樂，對老者言曰：「這小哥捧飲食出來與貧道結緣，為何又叫他拿進去？莫非老先生捨不得？或者貧道不堪享受？請老先生明示勿諱。」

那老者笑曰：「一飯之緣，愚下焉結不起，因道長無福消受也。」邱長春大驚曰：「我連一頓飯都消受不得，其中必有緣故，望老先生明以教我。」老人曰：「愚下自幼精通麻衣相法，在江湖遊走多年，斷人窮通壽夭，榮枯得失，毫不差錯。江湖上與我取個綽號，叫做賽麻衣。適才我觀道長之相，是吃不得飽飯的，若飽吃一頓，便要餓幾頓，不如少給一點，使你頓頓有吃，這是愚老一番好意，非捨不得也。」長春聞言，點了一點頭說：「老先生正言著我的敗處，不差分毫，再請老先生將我重相一遍，看我修行成道否？」賽麻衣果然又將他相了一相，曰：「不能不能，莫怪愚下直言，觀你相上鼻端兩條紋路，雙分入口，名為螣蛇鎖口，應主餓死，其餘別處部位雖美，然終不能免此厄也。此厄既不能免，焉能成道？」邱長春曰：「可有改乎？」賽麻衣曰：「相定終身，有何更改？除非一死方休，哪管你富貴貧賤，不論在俗出家，該餓死終該餓死，逃躲不脫，無法可解。

我說兩輩古人與你聽：列國時有個趙武靈王，是該餓死之相，他是一國之君，如何能餓死？因他兩個兒子爭位，動起干戈，也恐他有變愛之心，先將宮門封鎖，以兵把守，兩下砍殺起來，一連數月不解。宮中絕糧，宮人俱皆餓死，趙武靈王餓了七日，茶水未沾，看見宮前樹上有個雀巢，意欲取嫩雀啖之，有長梯在側，移置樹間，勉強精神，上得樹去。誰知嫩雀已出了窩，只有一個雀蛋。拿在手中，正欲食之，忽被大雀飛來，閃了一翅，趙武靈王手一鬆，將蛋落下地來打爛。只因相該餓死，一個雀蛋都不成，竟至餓死。又有漢成帝時，有一位長官名叫鄧通，遇相士說他該主餓死，他一日見了漢成帝，奏曰：『臣鄧通，居官清廉，家無餘積，相士說我應該餓死，臣想：我家如此淡泊，恐後來當真餓死。』漢成帝曰：『朕能富貴人，也能生死人，相士之言，何足為憑？朕賜爾雲南銅山鑄錢，使用一年，可得十餘萬銅錢，十年之中家資百萬，焉能餓死？』鄧通自謂可以免餓，誰知成帝不久晏駕，太子登位，眾文武刻奏他狐媚老王，希圖肥己，敢將國家銅山私自鑄錢使用，其罪非小。這後生皇帝，見了本章，心中作惱，使刑部官將他家私沒收，姑念先帝舊臣，不忍誅戮，打入天牢，又被多官復奏一本，斷了水火，餓了七八天。臨死要口水吃，獄卒偶起惻隱，取水來到，被獄官看見，大喝一聲，獄卒心頭一慌，因而失足，將身閃了一下，把一碗冷水傾潑在地，活活餓死，水都喝不到一口。

此兩輩古人富貴之極，終歸餓死，豈非相法有准乎！所以伯夷、叔齊二人知命，情願死於首陽山下，梁武皇帝與後秦王符堅不知命，一餓死臺城，一餓死五將山。知命不知命，該餓死終要餓死，豈能逃乎！」賽麻衣這幾輩古人，把邱長春比掉了魂，將這熱念化作了冷灰，一團悟道之心，頓成瓦解冰消。即辭了賽麻衣，也不往前進，仍歸西秦，一心要學伯夷叔齊兩位賢人，知命順天。

一旦來到秦地，一道溪谷，兩邊都是高山，中間一條深溪，溪兩岸亂石縱橫，是個山僻小路，少人來往。他即揀了一塊大石，偃臥其上，餓了七日七夜，水都不吃一口，安心餓死。只因他是修行之人，神氣飽滿，輕易餓不死，若是平常之人，早已嗚呼。餓到第九日，不知何處落了驟雨，平白漲了一河大水，看看淹到身邊，他是求死之人，要做安命聽天，以驗相法，不肯尋別路而死，故有此遲延。若不安命，另起一念，跳入水內，豈不省卻許多困苦？古人之心執一不二，不以生死移其心念，故稱良淳也。

且說上頭流水打來一枚鮮桃，其大如拳，隨著水勢在長春面前浪來浪去，一股香氣聞入鼻孔。長春本無意吃它，心想：武靈王臨死不能吃一個雀蛋，鄧通臨死不能喝一碗冷水，我今也是臨死之際，不知可以吃此鮮桃否？未知長春吃得到吃不到？且看下回分解。

命不該死終有救　　天賜鮮桃口邊來

問題與討論／

1.馬丹陽將蒲團砍成兩斷，到底邱長春犯了什麼過錯？

2.賽麻衣說邱長春是螣蛇鎖口，應主餓死，邱祖即立志求死，此作法你的看法如何？若你碰到此事，又會如何因應？

第二十三回

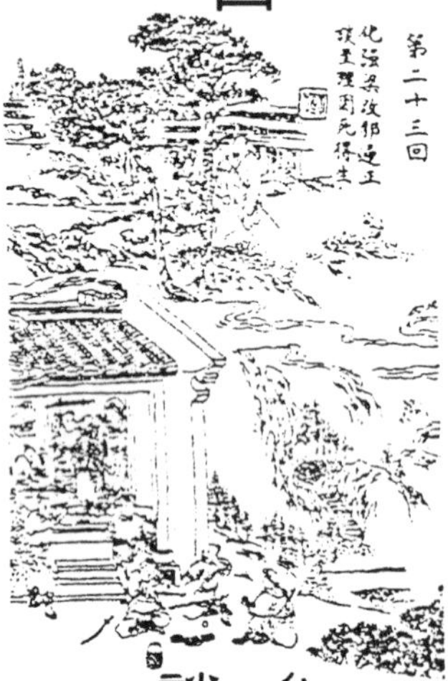

化強梁改邪歸正　談至理因死得生

富貴由來水上漚　何須騎鶴上揚州
蓮池有個收心法　靜裏暗吟七筆勾

話說邱長春見水打來一枚鮮桃，以為命該餓死，恐這鮮桃不能得食，今且試之，看是如何？想罷，伸手將鮮桃拿來啖之，香美非常。吃畢，精神大振，飢渴頓解，溪水亦消，一輪紅日高照，晒得渾身汗流，睡不安穩。翻起身來，自思命不該死於水邊，必要絕於高山。正是一念著魔，終身執迷，所以修道之人，總要把生死二字看得空，不可一定貪生，不可一定求死，生也由他，死也由他，不可執於有，不可溺於無，如此則魔不能入身，心自得寧靜也。

又說邱長春來到秦嶺，見一座小廟在山梁上，是個荒僻去處，人跡罕到之所。即進廟去，將蒲團鋪下，偃臥上面，又餓了八九天，水都未喝。一日，看看命在須臾，忽聽外面有人談話，長春略睜餓眼視之，見有十餘人坐在廟前，又見一人走進廟來，將他看了一眼，問他從何而來？長春心不耐煩，那肯答應他緣起，眼睛只有一線之氣。這人見他要死不活的樣兒，也不再問，各自出外來，和那些人去尋柴找木，用三塊石頭架著鑼鍋，在背簍內取出一大塊肉來，丟在鍋內煮熟，便來獻神。獻畢，將肉切碎煮炒入味，傾在一個瓦盆內，又盛了一鍋水來下麵，背簍內又提出一瓶酒，斟在碗內，你哥我弟，大吃大喝起來。你道這一夥是甚麼人？原來是秦嶺山上攔路打搶的強盜。其中出色的幾位好漢，一叫趙璧，一叫李雄，一叫張建，一叫王能，一叫朱九，因做了一樁好買賣，一來獻神，二來分贓，辦得有酒食之類，在此聚飲。當下團團圍坐，吃喝起來，酒至半酣，王能對趙璧曰：「趙大哥，咱們弟兄做了一輩子壞事，今我們也做做好事好嗎？」趙璧曰：「有什麼好事可做？對哥子說來，無不周全。」王能曰：「廟裡頭困倒那位老師傅，並不是害病，我看他那樣兒是受了餓，我們何不煮些麵湯與他吃，救他一命。」趙大哥曰好，使兄弟們快去辦來。那些人聽見大哥吩咐，七手八腳的，不多一會，將麵湯煮好，共入廟來，叫長春吃。長春不肯吃，被他們扶起來抱住腦殼，一連灌了兩碗，霎時肚裏飽暖，還陽轉來，口中埋怨道：「看看我的大事已妥，又遇你們這些人，弄這無名之食與我吃了，使我又要多受一番磨難，真乃求生既不可得，而求死亦費許多工夫。」長春正言之際，惱了朱九的性情，腰中拔出鋼刀，怒沖沖用刀指著長春罵曰：「你這野道，好不曉事，咱們弟兄將你救活，你反說我們是無名之食，你今既要求死，咱就與你一個快興。」說罷舉刀欲砍，邱長春全不害怕，把肚腹拍了一拍說：「你要殺，不須殺別處，可將我肚皮割破，待我理出腸子來，還你無名之食，死也心甘。」說畢，朱九忍不住笑說道：「你這老師傅真沒來頭，那有吃了的東西還得了原，我不殺你，且問你為何求死？可說我們大家一齊聽。」邱長春遂將麻衣相士說他該餓死，永無更改，故此願學伯夷叔齊兩位大賢，做個知命順天。

長春說畢，趙大哥笑曰：「老師傅不須如此，既怕餓死，咱們弟兄每人幫湊你兩把銀子，可得十餘兩之譜，你去尋一個廟子住下，招一個徒弟，大家勤苦些，多積些糧米，焉得受餓？」趙璧話未說完，張建、李雄各在身邊取出幾件散碎銀來，約有三、四兩之數，其餘俱要取銀。邱長春搖頭擺手說：不要，生平不妄取人財，有一個牌兒為證。」

說罷，即於身邊取出牌，拿來與眾人看，見上面有「妄接人財筋骨斷，妄吃人食口生瘡」之句。王能在旁笑曰：「咱們弟兄心甘情願幫湊你幾兩銀子，又非你同我們索取，何以為妄？」邱長春曰：「凡無功而得人財者，是謂無因。無因者，無故也，無故而取人錢財，吃人飲食，豈不為妄乎？」朱九曰：「依得王法打死人，依得佛法活不成，咱們幫你幾兩銀子，你都不敢要，怕帶過帶錯，像我們專以打搶營生，又不知罪惡有多大？」邱長春曰：「列位與我不同，我是前生毫未施濟於人，故今生受不得人家供奉，列位是前生放得有債賬，那些人騙了你們的錢財，故而今生相見，攔路討取，加倍相還。若是不少欠你們的，你們便遇他不著，縱然遇著，也輕輕放他去了。」

邱長春這些話，說得他們一十三人，毛髮悚然。李雄聞言說道：「了不得！了不得！依這道長說來，難道人人都少欠我們的？我們未必就不少欠別人的？倘若少欠別人的，再一世別人也要攔路索討，只恐我們還不清白。」趙璧曰：「咱們身邊俱有點銀兩，可以做個小生意，度活時日，趁此機會，改邪歸正，你們意下如何？」朱九曰：「大哥之言有理，我們就此收心罷。」說罷，將刀拋入亂草之中。趙璧又對長春曰：「老師傅好好修行，咱們弟兄，少不得後來都要拜你為師，習學妙道也。」說罷，一齊走了。又說邱長春著了這一心要餓死的魔，雖遇趙璧等將他救活，畢竟魔根猶在，仍要求死。下得山去，化了一個多月的緣，湊得有兩三百錢，買了一條鐵鍊，一把鐵鎖，帶在身旁。尋了一個去處，莫得廟宇，又不通路徑，周圍都是樹林，這樹林在深山之內，人所不到之處，古木參天，荊棘遍地。他把鍊子拴在大樹上，挽個套兒，然後拉來拴在頸上，用鎖鎖了，將鑰匙望空拋去，不知失落何處，倒臥樹下，自謂這回再無生理也。誰知他這一做，早驚動上界太白星君，變了一個採藥的人，走到跟前問曰：「老師傅身犯何罪？是誰人將你鎖在樹上？」連問幾遍，邱長春方才開言說：「你去幹你的事，不要管我。」

採藥人曰：「天下的事，要天下的人辦理，怎說不要管你？我也是個懂道理人，把你心思對我講來，我與你詳解，或者可以分憂解愁，也未可料也。」長春見他言語在理，即將賽𪋤衣相他該餓死之言從頭訴說一遍，又將自己求死屢次遇救之事，也告訴一番，因此來到此處，自鎖在樹上，示以永無生理，免得人救，並無甚麼憂愁，何用分解。

採藥人哈哈大笑曰：「愚哉愚哉！執迷之甚心！我怕你有甚麼憂天愁地之事，卻原一念入魔，自誤終身，吾今與汝言之，使汝魔當自消。相定終身，只定的尋常之人，若大善之人，相也定不准，大惡之人，相也定不准。相分內外：有心相，有面相，外相不及內相，命好不如心好。大善之人，相隨心變，心好相亦好，該死者反得長壽，逢凶化吉，遇難呈祥；大惡之人，相亦隨心改變，心歹相亦歹，該善終者反惡死，轉福為禍，喜變成憂。故相之秘訣，有言福壽綿長，必是忠厚傳家；歲命短促，定然輕薄為人。該貧賤而轉富貴者，因他心存濟世；該富貴而反貧賤者，由其意在利己；該餓死而反吃用不盡者，因他愛惜米糧；該吃用有餘而反受飢餓者，因他抛撒五穀；螽斯衍慶，其人必有好生之德；乏嗣無後，居心定無仁慈之風，此心相之大略也！面相何能為哉？況你們修道之人，能斡旋造化，扭轉乾坤，把一個凡體都要修成神仙，未必神仙是相上註定的麼？總是由心理做工夫悟出來的，只要你能修成神仙地位，那一個神仙餓得死？若你這樣所為，生不免為餓殍，死不免為餓鬼，生既無用，死又何益哉！」這一席話說得邱長春如夢初醒，似暗忽明，才知一向欲死之見，如婦人女子一般，非大丈夫之所為心，足堪惹人恥笑。即欲脫鎖，苦無鑰匙，未識究能脫得否？且看下回分解。

千般通理千般妙　一處不到一處迷

問題與討論／

1. 你算過命嗎？若有，是在什麼情況下去算命的？你相信算命嗎？為什麼？
2. 你同意邱長春所說：「前生放債，今生加倍相還；前生未欠，不僅遇不著，縱然遇著，也放他去。」的觀點嗎？為什麼？
3. 邱長春著了餓死的魔，為何又屢得救？
4. 邱長春欲餓死，犯了哪些過錯？

第二十四回

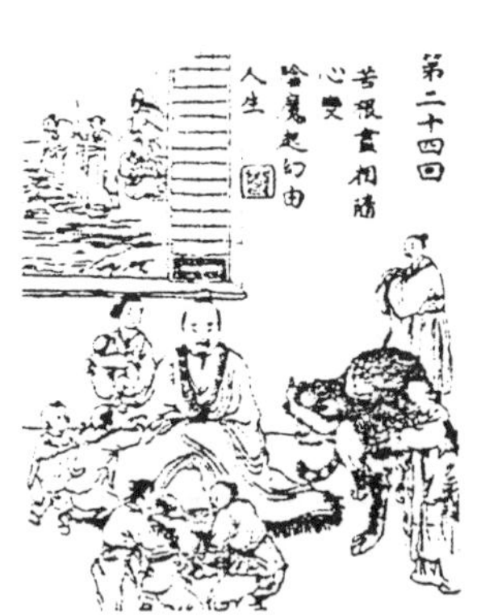

苦根盡相隨心變　陰魔起幻由人生

元宵燈後更無燈　萬古常明只此心
朗照終天終不滅　光明皓皓到於今

話說邱長春聞聽採藥人之言，猶如睡夢中被人一棒打醒，才知往事如孩子見識一般，非大人之所為也。急欲脫鎖，卻不知鑰匙在何處，心甚作急，採藥人曰：「鑰匙是我拾得。」即於袖內取出，將鎖打開。邱長春曰：「我是已死之人，蒙足下片言開導，絕處逢生，死而復活，莫大之恩也。」採藥人曰：「我又未曾與你銀錢，給你飯食，不過幾句言語勸解於你，信也由你，不信也由你，你若能信，便可以不死，你若不信，終不能生也。生死二字，由你自造，於我何涉？有何恩之可言？」說罷，飄然而去，霎時不見。邱長春從此以後，把這求死的念頭，如一天雲霧散得乾乾淨淨，依然青天白日，晴空萬里，毫無障礙。若不是太白星君一篇正理，拔去他的魔根，縱有百萬天兵，一千個韋馱，把降魔杵打斷，也打不退他這魔障，拔不了這魔根。所以大凡修行人魔障一來，便要尋著他的根腳，看是從何而起，即於起處輕輕拈去，毫不費力。若魔在這裏著根，你往那裏尋苗，一輩子也尋不出來，就把天下的好話對他說盡，說不著他的心病，他也不能服你。

邱長春自採藥人指破迷途之後，重立玄功，再下苦行，一日來在一個地方，見山川毓秀，有一道溪河橫於路旁。正值夏日，溪河水漲，其河平坦，造不成橋，駕不了船，只好涉水而過。近處鄉人熟知水性，過來過去，原不在意，遠方過客，未免臨流嘆息，不敢輕於渡水。邱長春便起了一個念頭：要做些苦功，行一行方便，有不能涉水者便把他背過河去。也有大方的人，給他幾文錢。買飲食吃，略可度日；又有些人分文不取，也背他過去。水消乏的時節，便去化齋，早化七家，晚化八家，化得齋來，或遇有飢寒之人，便給與他吃，自己卻餓一頓；若遇雨隔雪阻，竟日不吃，前前後後數年之間，餓得有百餘回。故如今有云：「大餓七十二回，小餓無數」之言。

邱長春在此做苦功，夜宿冷廟，見匾額上有「蟠溪眾姓弟子敬獻」之句，方知此河為蟠溪也。忽憶重陽先生石番溪邊之言，苦根當盡於此也，乃大發恒心，參悟道妙，閑暇之餘打坐用工。如此六年屢遭困苦，曷可勝言，但到水窮山盡之時，忽又感動好善之人來，與他結個善緣，使他也可略免飢寒。

蒼天不負修行人　只恐修行心不真
若是真心苦悟道　何愁衣食不終身

邱長春行了六年苦功，應該圓滿之時，忽然溪水大漲，來了三人，軍裝打扮，各帶鋼刀，手提人頭，自言斬獲大盜，上省報銷，不識水性，要他背過河去。長春本是來下苦工，焉有不背之理，於是挨一挨二背過河去，背到第三位軍爺，那人膽小不過，戰戰兢兢，說道：「我生平畏水，汝要小心。」

長春說：「無妨，不必害怕。」便來背他。背到河中間水緊之處，忽一浪打來，邱長春立腳未穩，被浪一推，身子閃了一閃，那軍爺在背上叫了一聲不好，急用手抓著他衣服，一轉手便將人頭墜落水中，那軍爺只叫怎了！怎了！長春用目一望，見那顆人頭隨波逐浪而去。長春也自作忙，急躥幾步，將他背攏了岸，要去尋那顆人頭，及至回頭一望，波浪滾滾，洪水滔滔，那裏去尋這顆首級？何處去撈那顆人頭？再看那軍爺時，捶胸頓足，喊天叫地，慌得長春心忙意亂，一時也無主見。即對軍爺說：「你拿刀來，把我這顆首級割下，以償你那個人頭何如？」軍爺曰：「人頭是我失手墜落，與你無干。」長春曰：「我是孤身一人，死有餘辜，你乃數口之家，賴此生活，死我一人。活你全家，未為不可？」軍爺說：「你倒也是番好心，只是我不忍殺你。常言鋼刀雖快，不斬無罪之人，你若要周全我的大事，只可自裁。」說罷，將刀遞與長春，邱長春接刀在手，正要自刎，忽聞半空中有人叫曰：「邱長春還我笏來！」長春往上一看，只見三位軍爺，站在五色祥雲之內說：「吾等三人乃天地水三官也，因見你道心堅固，苦行圓滿，特來化度於汝。汝果然捨己從人，積功累行，今將汝凡身化作道身，幻體更為仙體，六年悟道已就，七載成真將與，汝可精進勿誤。」長春忽然心頭朗悟，靈機顯著，再看手中拿著一片朝笏，並不是甚麼鋼刀。又見三官之中，一人空手，知是他的朝笏，少不得上去交還。試將身子往上一縱，已入雲端，將笏呈上，三官大帝高駕彩雲，冉冉而去。

邱長春正欲縱下雲頭，忽又想起麻衣相士，斷我該餓死，我今道果已成，量不能再受餓，何不借此雲頭，往河東一走，再試他一試，看他眼力如何？主意已定，即將雲頭撥轉，頃刻千里，到了賽麻衣莊前，墜下雲端。走進莊來，見一個二十餘歲的人，就是那年拿飯出來的小廝，即對他說：「我是來求老先生相面的。」那人說：「家尊久未出外，既要相面，可隨我到廳上。」說罷，即引長春入內。那賽麻衣正坐在廳上，見長生進來，忙起身接入，待以賓客之禮，坐下喝茶。長春見賽麻衣鬚髮皆白，老邁龍鍾，便曰：「數年不見，先生倏而鬢髮皤然。」賽麻衣曰：「老朽不知在何處會過道長，一時忘懷。」邱長春曰：「先生不記螣蛇鎖口，該餓死之人嗎？」賽麻衣聞言，即將他相了一相，拍手大笑曰：「妙哉妙哉！道長不知在何處做下大功德事，竟將昔年之相改變了。」邱長春曰：「先生曾言相定終身，永無更改之理，今日然何又說改變了語？」麻衣相士曰：「老朽只知相面，不知心相，今道長相隨心變，非老朽所知也。昔者雙紋入口，是名螣蛇鎖口，應主餓死；如今這兩條紋路，雙分出來，繞於承漿之位，這承漿上又生了一個小小紅痣，配成格局，名曰二龍戲珠，貴不可言，應受帝王供養，福德不可量也。豈愚者所能知哉！」長春聞言，也服他相法通神，即告辭起身，回磻溪廟內打坐。只因動了一點計較之心，要去取笑賽麻衣，惹出一番魔障來。

正在打坐之時，恍惚之間若亡若存，好像身在萬山之中，忽起一陣狂風，現出一隻黃斑猛虎，張牙舞爪，向他撲來，他卻把這死字看得淡，全不在意。又到杳杳冥冥之際，見一個道童走來說：「我師傅馬丹陽到了，師叔還不起來相見。」果見丹陽從下走來。長春想：「道不戀情，來也由他，去也由他，」忽又見許多人來說：「難為你背我們過河，今當收穫之時，與你湊得有一石多麥，儘夠一夫吃用，另外又幫你兩串錢，縫件衣服穿。」說罷，將麥背到他跟前，堆積許高，又將兩串銅錢拿來身邊，要他親手來接，他更不在意。昏迷之間，又見一美貌女子年可十七八，自言被後母毒打，私自逃奔，欲到母舅家去，奈何身孤難走，老師傅何不送我一往，感恩非淺。說罷，嬌嬌滴滴，欲哭欲訴，長春總不理會，與他一個無人無我，不識不知。轉眼之間，二嫂帶著幾個小孩走來告訴曰：「你二哥已死，大伯將家園獨吞，使你這侄男侄女，衣不終身，食不終口，我是女流之輩，如何能撫養他們？你可看在二哥面上，念其骨肉之情，如何安頓我們母子。」說罷，那幾個小孩子便來拉拉扯扯，哭哭啼啼，三叔長三叔短，不住喊叫，要吃要喝，胡亂挖抓。長春靜極之中，智慧偶生，若無一物，猛聽得半空中響亮一聲，南天門大大打開，見二童子控一白鶴到面前說：「奉　玉敕，請真人跨鶴飛昇。」且聽下回分解。

莫教三凡生幻境　　陽防六賊亂心田

問題與討論／

1. 邱長春在磻溪做苦功，其用意何在？
2. 你對三官大帝考驗邱祖道心之過程，有何看法？
3. 邱長春為何要再去找賽麻衣？這給我們哪些啟示？

第二十五回

真陽足群陰退散
惡貫盈合家沈淪

北邙山下列墳塋　　荒草迷離怪鳥鳴
長臥泉台人不醒　　桃殘李謝過清明

話說邱長春在磻溪廟內打坐用工，正在虛寂之時，忽見二童子控一白鶴至其前曰：「奉　上帝敕命，請真人跨鶴上昇。」邱長春默想三官大帝之言：七載成真當興，焉有今朝飛昇之理？莫非這是我心中陰魔相攻，生此種種虛幻，敗我真道？只這一點醒悟，二童子也不見了，也沒甚麼白鶴，獨自一人坐在半邊蒲團上。窗外星月交輝，萬籟無聲，這真是平白生出許多奇奇怪怪的事來，若不是念頭抱得穩，險些差之毫釐，失之千里。自悔不該逞一時之興，去試賽麻衣，故惹下許多陰魔。若不煉去陰氣，焉能純陽？又想了一想，必用這個混魔之法，方能群陰削盡，使他無隙可乘，乃為上策。於是離了磻溪，來在一個土山，見坡下有一圓石，重可百觔，也是個僻靜之處。乃結草為庵，打坐其中，若到陰魔發現之時，他便速來，將那圓石往上搬運，移至半坡，復使墜下，又來靜坐。景象一生，便運石混之，如此三年，陰魔盡退，遍體純陽，諸般景象，入眼皆空，靈明日著，天機自應，知有一樁故事，但天機不可洩漏，須去點化一番，若能使他醒悟，可免此沈淪，不失上天好生之德，下開救濟之門。當時離卻土山要去辦這件事情。

且說刊隴之地，有個富戶姓王名雲，家中富豪，人都稱他為王大戶，也算得一個財東。依山傍水而居，自得山環水抱之勝，門外一道溪河。這王雲雖有偌大家私，卻居心刻薄，慣使大秤小斗，輕出重入，一味欺貧凌弱，占田奪地。他家那些奴僕，狐假虎威，狗仗人勢，佔騙鄉愚，姦淫婦人，無所不為，仗著主人勢耀，造下彌天罪過，猶然不知。他家門外有一大石長丈餘，高數尺，頭大尾小，像獅子一般，故此呼為石獅子。在外邊做活路的人甚多，每到吃飯時，看守莊門的人，趴在石獅子背上，用梆一敲，四下都聽見，即回來吃飯，這是常規。相去不遠，有個山坡，坡上修了一觀音廟，是王雲先祖所建也，施得有地土，招得有住持。王雲當事之時，把住持逐去，將地取回，只是未曾拆毀廟宇，打壞神像，也算他還有一點善心，雖留下這廟宇，卻成了一個冷廟。邱長春從寶雞地方到此，就在這廟裡棲身，每日聽見梆響，便去化齋，化了十幾次，並無一人理睬於他，莫說化齋，連水也化不到一口。只有一個丫頭，名叫春花，見他來了幾回，皆空手而來，空手而去，心中不忍，暗地藏了幾個糖，出來與長春丟入袖內說：「老師傅快去，此非善地也。」又過了兩日，邱長春來化齋，正遇王雲立在門口，長春原本是來點化於他，今見他站在門前，便說了四句話來打動他。話曰：

貪名為利不回頭　一旦無常萬事休
縱有金銀帶不去　空遺兩眼淚長流

長春將說畢，只見王雲勃然作怒曰：「你這野道休得在此胡言亂語，我生平是不信佛法之人，你各自早去，免受凌辱。」長春曰：「貧道特來貴府化齋，隨會長施濟施濟。」王雲見門外有個拾馬糞的簣子內裝有馬糞，旁邊有把拾糞的鏟子，他拿過手來向簣內鏟了一鏟馬糞，走到長春面前說道：「你求我施濟，我便將此物施濟於你如何？」長春正要試他心念，見他這樣子恐是作戲，故將岩瓢往前一支，他當真把一鏟馬糞傾入岩瓢。邱長春曰：「此馬糞與我有何用處？」王雲曰：「這糞都是我雇下人工拾來的，今日與你，也算我施濟也。」長春聞言，口稱：「善哉！善哉！」那王雲與眾僕俱各大笑。闔家大小聞此言，盡皆發笑，只有春花心中不然。一日見那些奴僕俱上坡做活去了，暗藏幾個蒸饝在袖內，走出外來，恰好正遇長春站立門外，即欲將饝給與他。長春曰：「我非來乞化也，有一句要緊的話對你說，你可牢牢緊記。若見門前石獅子眼睛紅時，便可到山上觀音廟去躲過，一時三刻，方保無憂。」說罷，飄然而去，霎時不見。

春花把此言記在心內，每日出來看石獅子兩遍。如此數月，卻被一個放牛娃子看出情形，問曰：「春花姐，你每日出來瞧這石獅子，所為何故？」

春花對他說道：「那日化齋的老師傅他對我說，等這石獅子眼睛紅了之時，叫我急到觀音廟去躲避一時，可免大難。」放牛娃子聽得此言甚是異奇，欲與她戲耍，暗地尋得一塊紅土，下午牽牛歸來，爬上石獅子去，用紅土在石獅子面上抹了兩個圓圈，就像一對眼睛。抹畢，即下來閃在一邊，看她如何？

是時天色將晚，春花在內忽然心驚目跳，行坐不安，心中暗想：莫非石獅子眼睛紅了？急忙出外觀看，也不顧主人吵罵。出得外來，果見石獅兩眼通紅，大吃一驚，竟奔觀音廟去。放牛娃子見她跑上廟去，也隨後跟來。將到廟內，正欲問她，猛然一個乍雷，震得山搖地動，俄而狂風四起，黑雲滿天，霎時間大雨傾盆，如瓢潑桶倒一般，直落到半夜，雨才住點。春花和放牛娃兩個伏在神桌下，耳聽響聲颯颯，如千人擂鼓一般，似萬馬爭奔之勢。到得天明，方敢出來觀看，正是不看之時猶小可，看了之時嚇掉魂。卻原王雲這所莊廊，昨夜不知甚麼時候，蛟龍在此過路，見他這房子修得十分體面，就往水晶宮去了，只有石獅不肯去，卻倒臥在河當中。

卻說春花見王雲合家被水打去，未免心酸流淚，不一會驚動遠近大小男男女女，齊來觀看，個個俱言老天有眼，報應不爽。又見春花啼哭，便問曰：「你的主人全家覆沒，妳怎麼逃脫性命？」春花遂將道長指示之言，對他們訴說一遍。眾鄉人紛紛議論，都說：王雲惡貫滿盈，天降水災，那道長想必是位神仙，前來指點於他，他不肯回心，故此被水打去。你雖然是個丫鬟，卻有點善根，故將妳救出，又帶挈放牛娃子不死。看來人生天地之間，總要做些好事，大難來時，方有救星。又問春花今如何？春花曰：「這廟原是老主人當年造的，周圍這些地土，已捨在廟內，如今我就在這廟裏帶髮修行，也不想那花花世界、紅塵美景。」眾人說：「如此甚好，我們與妳湊些盤費，暫且度日，待秋收之後，不少吃用。」眾人說畢，各去湊了些錢糧，交與春花，又尋了一個老婆子與她作伴。春花謝過諸人，從此一心一意，苦志修行。過了數年，邱真人在龍門洞靜養，知他真心向道，便來度她，她即拜真人為師。後來也成正果。

又說邱長春自指示春花之後，遂入隴州山中，見一石壁，壁上有洞，乃秦末漢初之間，婁景先生定日月之處，下有溪河。這懸岩石壁臨溪水，其水彎曲轉折，遠處望來，這石壁如跨在溪上，其洞如門。時人重的是科甲，見此山洞像門一樣，就取名龍門，蓋取「鯉魚跳龍門」之意也。長春到此，始悟門上龍飛之語，應在茲矣，便於洞門養性修真。不到兩年，隴州乾旱，隴州太守率領郡民祈禱，雨澤不降。看看苗稼焦枯，萬民憂苦，邱長春乃赴州郡，自言能禱三日甘霖，普救萬民。州官大喜，拜請登壇。邱長春乃嚴整衣冠，俯伏壇庭，一念投忱，誠通　上帝，果見滂沱大降，下了三日三夜，田禾豐足，萬民遂安。明年北直隸一帶大遭天乾，久旱不雨，天子率領百官求雨不降。元順帝傳旨，張掛榜文，招求有道之士，祈禱雨澤，有能求得下雨者，高官重爵，以酬其勞。皇榜懸掛，各省知聞，隴州太守保舉一人能求雨澤，不知此人是誰？且看下文。

昔年困饑僅　　如今動帝王

問題與討論／

1. 邱長春以何種方式退陰魔？試想我們修道中之陰魔，要如何除去？
2. 你對邱長春度王雲的故事有何看法？

第二十六回

祈雨澤回天轉日
施妙術換鳳偷龍

一片至誠可格天　卻將凶歲轉豐年
休言元主愛民切　還是真人道妙玄

話說元順帝張掛皇榜，旨求道行清高之人祈禱雨澤。隴州太守奏摺進京，上言：「隴州龍門高士邱長春道德清高，昨歲隴郡乾旱，賴此人之力，祈得甘霖，普救萬民。今皇上欲求雨澤，以舒民困，非此人不可。臣以救民為切，故奏此聞。」元順帝覽罷奏摺，龍心大喜，即命哈哩脫脫大夫來聘長春。不日到了龍門，呈上玉帛，即宣元主之意，長春欣然應召，即與大夫同到北京。次日朝見元主，元順帝尊以師禮，賜坐九卿之上，委以求雨之事。

長春奏曰：「皇上憂民心切，臣敢不效微力，但必須高設雨壇，皇上親自拈香禮拜，臣然後禱告上帝，限三日有雨。」元主大悦，即命有司董理其事，又使太監送長春到集賢館安身。次日早朝，有司奏稱：雨壇已設，端候法師登壇。元主即宣長春，同到壇所。天子躬自焚香，禮拜已畢，御駕回宮，長春俯伏雨壇，奏言懇切。到了第三日午未時分，紅日當空，如火輪一般，晒得遍地起塵，人皆汗流。長春以楊枝醮淨水，向紅日灑去，不多時，日邊生出一段黑氣，倏變為雲，將紅日遮掩，一霎時天昏地暗，大雨如注，連下了幾日，轉枯為榮，變朽回春，人民騰歡，群生咸賴。元順帝龍心大喜，封長春為宏道真人，留居京師，待以上賓之禮。

一日，元主宣真人入內，遊玩至御苑，這苑內有長青之草，不謝之花，奇石怪樹，不可名狀。元主與真人同坐石上，談道論玄，有五色祥雲覆於空中，如華蓋一般。講到精微之處，元主嘆曰：「朕若非承緒大統，願從赤松子遊，待朕有了後嗣，當拜真人為師，入山修煉。」邱真人曰：「主人免慮，皇后已懷龍胎，不久當生儲君。」元主暗想，真人果是神仙，便知後宮有孕，即隨口應曰：「皇后果然身懷六甲，但不知是男是女？」邱真人曰：「臣已算定是男，萬無一失。」元主曰：「果如師言，朕之幸也。」真人退出，元順帝回宮對皇后說：「邱真人算定御妻身懷龍胎，不知准也不准。」皇后奏曰：「他焉能算得如此準確？何不宣國師上殿，與真人同算，兩下言語相符，方為定准。」元主大喜，次日宣白雲寺白雲禪師上殿，與邱真人同算皇后身孕到底是男是女。

白雲禪師屈指一算，奏曰：「依臣所算，娘娘身懷鳳胎，定生公主。」元主又問邱真人，真人奏曰：「臣昨日與主人講得明白，皇后身懷龍胎，必產儲君，何勞再問。」白雲禪師笑曰：「汝既在悟玄，必知數理，再算一算。」邱真人曰：「算不算總是龍胎，必生男也。」禪師怒曰：「我數理所算無遺，汝何得妄言，擾亂聖德！」邱真人曰：「數理不如天理，陰德有回天之力，善行有傲數之功，今聖上躬自祈雨，普救萬民，昆蟲草木，均沾其惠，此陰德之大者也。或者感動上天，轉女成男，化鳳為龍，亦未可知也。」

白雲禪師曰：「吾以汝為有道之人，卻原也只尋常，懷胎在前，祈雨在後，豈有生成胎孕，復有變更之理。」邱真人曰：「我已料定，何必強辯！」白雲禪師曰：「你敢與我打賭？」邱真人曰：「打賭便打賭，有何不敢？」白雲禪師曰：「若是龍胎，我將白雲寺輸與你。」邱真人曰：「若是鳳胎。願將首級輸與你。」禪師笑曰：「莫生後悔。」真人曰：「一言為準，何悔之有。」禪師曰：「口說無憑，要立字樣為據。」邱真人即於御前求了紙筆，便在龍書案前，寫了字樣，上寫：「立賭首級人邱長春，今與白雲禪師賭勝，倘若後宮主母所生是鳳，邱長春為輸，願割項上首級，並無異言。」白雲禪師也在御前提筆寫：「立出賭白雲寺人白雲僧，今與邱長春賭勝，倘若後宮主母所生是龍，白雲僧為輸，願將白雲寺輸與邱長春，永無異言。」寫畢，兩下畫押，彼此交換，各念了一遍，然後呈上御案。元順帝龍目覽過，親自收存，等待皇后分娩之時，便知分曉。是日朝散，各歸其所。

且說白雲禪師回到白雲寺，想起邱長春如此勇決，莫非皇后果然是龍胎，是我錯算不成，放心不下，再推數理，並無差失，心中暗喜，自言自語，說是：邱長春你也怪不得我了，這是你自惹其災，自丟性命，枉自修道一番。又說邱真人回到集賢館，算定皇后分娩之日，飛了一道神符，在九天玄女宮內借來一位神女，名曰玉貞仙女，變化無窮，神通廣大。這仙女奉了九天聖母之命，來聽邱真人差遣。邱真人恭對仙女言曰：「今夜丑時寧王府中，王妃當生孩兒，你可將葫蘆化變女嬰，換他男孩，抱在金鑾殿上，待我換鳳之後，你將鳳去換回葫蘆。」神女領命，自去辦理。

是夜子時，皇后分娩，產生一女，果應了白雲禪師鳳胎之言，宮人報與元主得知。元順帝甚服禪師算法有準，又憂真人性命難留，必設法救之，方是為君之道，於是駕設早朝。眾官已知皇后生下公主，當時齊來朝賀，白雲禪師也來賀喜，奏曰：「臣聞皇后產生儲君，接起聖朝一脈，臣不勝之喜，但願吾皇萬歲，太子千秋。」元順帝嘆曰：「朕命應乏嗣，不足為恨，但邱真人錯算陰陽，其輸宜也。朕念祈雨之功，欲為救免，願捐皇餉十萬，賠補白雲寺，以贖真人首級。」元主說罷，白雲禪師尚在沈吟，黃門官報奏邱真人來朝。元主即命宣入，邱真人朝拜已畢，也賀元主曰：「皇后產生儲龍，臣故來與主上賀喜。」元主曰：「真人誤矣，皇后所生是女。」邱真人曰：「臣算萬無一失，若果是女，請抱出與臣一觀，臣死也甘心。」元主本欲救護，今見他這般抗直，心中未免不悅，遂叫宮娥入內，將女嬰抱出。此時已到寅卯時分，神女將葫蘆化成女嬰，換了男孩，掩了神光，在金鑾殿上等候了許久，只見宮娥抱出女嬰到御前回覆。元順帝使宮娥遞與真人，自去認識。邱真人雙手接過，用袍袖一掩，早被神女將龍換鳳，把一個男孩換去女嬰，到王府交待去了。眾官都是肉眼凡胎，焉能得見，白雲禪師不過有點智慧，卻無神通，如何知曉。當下邱真人使了這偷龍換鳳的手段，雙手捧著男孩，遍請百官觀看，到底是男是女，百官看罷，齊呼太子千秋，氣得白雲禪師面皮失色，走將過來，把孩子接在手中一看，明明是個男孩，那裏是女嬰，當時滿面通紅，只得也與元主稱賀道：「果是後朝儲龍。」說罷，將男孩呈上。元主一見，大奇其事，隨即改口曰：「朕聞宮人傳報，也未親睹孩子，遂致認為女嬰，此宮內之誤也。」即命光祿寺擺宴三日，大赦天下。元主退殿，文武散班。邱真人問白雲禪師曰：「我師怎樣吩咐？」白雲禪師曰：「一言既出，駟馬難追。我明日交廟與你，你搬進來，我搬出去，萬事俱了，有何吩咐？」說畢，各自歸寺。邱真人自回館內，神女即來繳還葫蘆，上九天去了。

白雲禪師回到白雲寺，心中不服，再推數理，總算不出，真乃「棋高一著難取勝。技弱三分總是輸。」眼睜睜要騰地頭，未免嗟嘆！身旁有個侍者對禪師曰：「邱長春獨自一人，焉能占偌大寺院，我們要一人頂一人，一個換一個，若頂不盡，換不完，我們還是住下，慢慢再作道理。」禪師聞言大喜。次日邱真人來到，白雲禪師曰：「僧多屋廣，廟闊人稠，你來一道，我去一僧，一個換一個，一人頂一人，若換不盡，便走不完，僧也住得，道也住得。」邱真人曰：「妙！原要如此才好，我到山前叫他們進來。」說罷，走出山門外，將袖內拂塵取出，把拂塵上棕絲拔了一些，向空拋去，不知如何？且看下回分解。

莫說我今人力少　　須知身邊玄妙多

問題與討論／

1. 你對於邱祖祈雨有何看法？
2. 邱長春為何要與白雲禪師打賭？

第二十七回

諭道眾諄諄告誡
論修行層層說來

花落花開又一年　人生幾見月常圓
打開名利無拴鎖　烈火騰騰好種蓮

話說邱真人走出山門，在袖內取出拂塵，暗將拂塵上棕絲拔斷一些，吹口真氣，向空拋去，被風吹散，不知落於何所。霎時來了無數道眾，跟隨邱真人進來，將寺內僧人換盡，白雲禪師即於邱真人所居集賢館住下，這些僧眾散在各廟棲身。你道邱真人為何定要這白雲寺？因北京地方王氣正盛，知是久都之地，欲借此盛地開一開壇，演一演教；二者白雲禪師應在南邊發跡，開闢三江一帶地方，久在京都守著這白雲寺，終難開闢，故此竟將這寺院占了，使他好向南方普度眾生。故而天地真人各有其所，或利於此而不利於彼，或利於彼而不利於此。上士修真，必取其相生相應者而居，其於相剋相妨者則避之，此謂得其地利也。

且說邱真人在白雲寺招集道侶，不到一月，便來了幾十位道友，應酬事務，各派有職司，一時間熱鬧起來。邱真人見道友們賢愚不等，少不得開示一番。邱真人對眾友曰：「所謂出家者，出塵離俗也！必先有一番看破塵俗之意，隱居求道之心，方可謂之真心出家也！若一時妄冀成仙，或因氣忿，或貪安閑而出家者，是借道為由，而實安頓其身也。故猛勇心易起，長遠心難得，以道為可有可無，所以終失玄妙。又有幼失依怙，老來孤獨出家者，不過借吾門以棲身，有何看破之事？總而言之，既來者，則安之，管他看破看不破，來在三寶地，都是有緣人。進吾門者不窮，出吾門者不富，既入吾門，當體吾心，上者攻玄打坐，中者誦經禮誥，下者作苦做工，亦可以了出家人之事。人所不能者，我勉而能之，人所不忍者，我必忍之。能者能絕情慾，忍者能忍饑寒，如此則過於人也。要使心中空虛，勿容一毫障礙，勿起一點偏私，不惟無人，更且無我，以我所無，而魔從何有哉？要在此虛無之中求道，工夫自得，若於做作上坐工夫，反失真道。凡事量力而行，不過不及，識其大者成其大，識其小者成其小，傍繩墨而去，循規矩而來，雖不能成仙佛，亦不失為好人也！不枉出家一場。若只知挽髻是道，削髮即僧，五蘊不空，四相未忘，外面儼然衣冠，內裏幾同禽獸，名利之心不淡，是非之心常存，奢華為念，只恐衣服飲食不及人，僥倖在意，常望所作所為皆如願。如此之人，雖說出家，竟未出家，名呼為道，全不在道。以此看來，不及還俗歸家，染苦為樂，何必久戀玄門，指道營生，造下無邊罪過。今生既不能超拔，來世猶墜於苦海，是今生之福果未得，而來世之罪孽早種，當自思省！」

邱真人正言之際，山門外來了十餘人，俱是高長大漢，你道這些人是誰？乃是當年秦嶺山上搭救真人的幾位好漢，趙璧、王能、朱九等，同著一夥弟兄，到這白雲寺來。原來他們昔日在秦嶺山上救活邱真人，被真人說了幾句罪福因果的話，把他們提醒，各自改邪歸正，做了一個雜貨生意，奔走幽燕之地，卻也可以度活日時。一混十餘年，趙璧、李雄、張建俱已老了，只有王能、朱九尚未留鬚。他們聞聽人言：白雲寺有位邱大真人，是個有道之人，去歲祈禱甘霖，普救萬民，後來又算皇帝娘娘定生太子，與白雲禪師打賭，將一座白雲寺贏在手裡。他如今廣招學道修行之人，在那裡講經說法。他們聽見這話，大家歡喜。趙璧曰：「當年我們在秦嶺山上救活那位老師傅，他牌兒上有邱某奉行之句，莫非他如今得道了！我們何不用到白雲寺去瞧一瞧。」張建曰：「我們常行走訪問有道之人，今者或可遂願，也未可知。」朱九曰：「只要他有道有德，我等便拜他為師出家去罷。」趙璧曰：「朱兄弟之言甚是爽快。」於是大家來到白雲寺，正遇邱真人和眾道友坐在大殿院裡，講這出家學好的言語。見他們進來，邱真人即站起身來說道：「眾位好漢別來無恙？」趙璧等皆認不得邱真人了，當下見問，忙答曰：「蒙神天護庇，得獲安寧。你這老師傅像在那裡遇過，一時忘懷，敢乞明示？」邱真人曰：「不記秦嶺山餓飯的道人嗎？」趙璧曰：「道長就是當年指點我們那位老師傅嗎？」邱真人曰：「不是我是誰？」趙璧等聞言，一齊下拜曰：「別後不覺十年有餘，我等俱已衰朽，老師傅容顏轉少，真有道之人也！昔日曾說過老師傳得道之後，我等要來投奔，望老師傳將我等收留，願拜在門下為徒，不知老師傳意下如何？」

邱真人曰：「昔承救命之恩，至今未忘，若說我得道，我實無所得也，不過仗道以開化世人，嗟呼！苦海無邊，回頭是岸。我昔日不過是警戒自己之意，誰知眾好漢一聞此言，洗心革面，勇於改過，不失為好人。十餘年守志堅實，今者看破紅塵，要來出家，也是一樁快事。但既來出家，俱是前生積有善行，才能起這個念頭。雖發心為僧為道，必謹遵法言法訓，當要慈心下氣，恭敬一切，不可使性縱情，妄念千般，更宜捨己從人，最忌傷生害命。勿謂我不如人，遂起嫉妒之心，休言他不及我，便生輕慢之意，莫將好勝心凌辱於人，休起憤高念驕傲乎己。我不如他，是我修積未到，他不及我，是他時運未來。道無大小，更無尊卑，不論富貴貧賤，何分尊卑老幼，有道者為大，有德者為尊，好學者如金如玉，不好學者如草如茅。不貴金銀財寶，只重仁義道德。天子出家不為貴，乞丐出家不為賤。我當年幼失依怙，蒙兄長提拔成人，知與紅塵無分，一心訪道修真，後遇吾師重陽真人，授以至道，又蒙師兄馬丹陽深為指撥，自斜谷分單之後，深自勉勵，大餓七十二次，幾至殞命，小餓無數，苦難盡言。然而我心如鐵石，寧死不退初心，越受磨難，其志愈堅，後在磻溪行苦工六年，其中困苦，曷可勝言！常言苦盡甘來，一朝頓然醒悟，蒙天眷顧，屢祈雨澤，悉降甘霖，一時名動帝邦，身赴宣召，雖曰「道果未成」，到此地步，亦非容易。爾等既要出家，當作斯念，不以富貴動其心，貧賤移其志，視我身為已死之人，今於死中得活，當大起一個念頭，求個不死之法，方可謂之至人也。」

邱真人話畢，趙璧等皆唏噓流涕，痛念真人當年修道之苦。邱真人曰：「不到苦之極處，苦根不盡，智慧難開，今願爾等當於苦處求之，受一番苦，即退一番魔障，受十分苦，而魔氣全消也。」真人話畢，擇日與他冠巾挽髻，俱各取有道號，自不必提。

又說皇后自思：我生下明明是個女孩，抱出殿去，打了個轉，卻變成男孩，把白雲禪師偌大一座寺院，輸給邱長春，這都是為我一人生出這段禍來。又恐白雲禪師心中煩悶，遂命內侍宣禪師入宮，安慰一番，說為這小孩子，致使我師受累。白雲禪師曰：「數算定是鳳，不知邱長春用何邪術，換作男孩，臣恐非社稷之福也。」皇后曰：「當今以乏嗣為念，本后也不敢深言，聖上得了這個孩子，敬邱長春如神仙，每日在御苑內講道談玄，少回宮院。」白雲禪師曰：「昔唐明皇在位，滿朝文武稱張果為神仙，唐明皇以毒藥入酒中，使張果飲之，張果連飲三盞，口中說道：『酒無好酒，餚無好餚。』說罷，昏迷半刻，滿口牙齒盡黑。醒來忙索御前鐵如意，將黑齒盡行擊落，閉口片時，滿口復生白齒，唐明皇才信他是真仙下降。今娘娘何不學唐明皇故事，置鴆酒於案頭，宣長春飲之，彼若飲酒不死，即真仙也。」皇后聽畢，甚喜，即命內侍去宣，不知長春來飲酒如何？且看下回分解。

略施些小計　　神仙也難逃

問題與討論／

1. 邱真人佔白雲寺之用意何在？
2. 邱真人對各方道侶之開示，給予我們哪些啟示？

第二十八回

賜鴆酒皇后試道　戴金冠真人吟詩

丹成九轉盡純陽　入聖超凡命壽長
不有一番曲折事　焉能萬古把名揚

話說皇后聽了白雲禪師之言，命內侍到白雲寺去宣邱真人，皇后乃預置毒酒以待。且說內官兒奉了娘娘之命，來召真人入宮，真人已知其意，臨行吩咐趙、李諸人：速備二十四缸涼清之水，一字兒擺著，待我歸來，自有妙用，不可失誤，以壞吾事。叮嚀已罷，即同內侍入宮參見鳳駕，皇后曰：

「前者真人算定本后必生太子，果其言，本后無以酬勞，今則欽賜御酒三盃，略申敬意。」說罷，命內侍捧酒至真人面前，邱真人也不推辭，連飲三杯，辭了皇后，轉回白雲寺，見二十四缸清水，擺列廊下，真人即跳入缸內，冷水浸著，霎時水熱，起來又跳入二缸內，二缸水熱，又跳入三缸內，一連跳了二十三缸，到二十四缸，水未挑滿，淹不及胸，毒氣未盡，毒火上升，把天庭上的青絲髮，衝落有三指寬，遠處看來，就像如今半頭道士一般。

又說白雲禪師打聽邱真人未死，又進宮來奏聞皇后，皇后曰：「飲鴆酒不死，定是神仙無疑也。」白雲禪師曰：「或者酒毒未甚，不致於死，也是有之。臣聞神仙能剋五金八石，凡金銀銅鐵到他手中，如泥土一般，要方便方，要圓就圓，道門有巾有冠，巾者覆髮也，冠者束髮也，今偽為不知，總而言之為巾冠。娘娘即以巾冠作金冠，賜他黃金一錠，使其戴於頭上，他若戴得穩，便是真仙，若戴不穩；大家取笑一番，他必不自安，無顏見人，定退歸山林。」皇后聞言甚喜，又令內侍再到白雲寺宣邱真人入宮，真人即隨內侍來到皇宮。皇后見他天庭無髮，即問曰：「真人頭上，何無髮也？」邱真人不慌不忙，說出四句話來：

昨承丹詔赴瑤階　王母與臣賜宴來
連飲三杯長壽酒　遂將頂上天門開

邱真人說畢，皇后心懷慚愧，本不欲再試道妙，無奈已曾應允白雲禪師之言，乃笑而言曰：「真人果是真仙，神通非小，令人欽服。本后御製金冠，真人可戴在頭上，配一配道相。」說罷，即命內官兒用瑪瑙盤捧出一錠黃金，對真人曰：「娘娘御賜金冠，請真人戴上，以好謝恩。」邱真人早已知覺，袖內帶有鋼針，雙手將黃金接過，運用三昧真火，向黃金吹去，其金遂軟如泥。用針把金插透，將黃金錠在髮上，用針挑著幾根髮，插入金竅內，針尖上又挑幾根髮前後勒住，那錠金子，可不是穩穩當當戴在頭上？皇后聽了白雲禪師之言，不過欲取笑邱真人，誰知與道門遺下個規模，今日道友們所戴之黃冠，即與於此也，這話不提。」

又說邱真人將黃金戴在頭上來，與皇后謝恩，口中吟詩一聯：

屢承丹詔頒恩深　臣敢將詩對主吟
君子心中無冷病　男兒頭上有黃金

真人吟詩畢，皇后自覺不安，站起身來言曰：「本后知過也！真人諒不介意！」邱真人曰：「哪有皇后之錯，是臣久戀囂塵，自惹魔障。」言未畢，白雲禪師從屏風後跳將出來，一把拉著邱真人曰：「邱長春也不是你自惹魔障，是老僧魔障於你。」邱真人曰：「禪師乃四大皆空之人，焉有魔障於我，看來實是我自取其咎也。」

貪迷世故戀塵囂　久戀塵囂魔自招
煩惱實由我自取　別人怎使我動搖

當下邱真人說了這四句話，歸咎於己。原本白雲禪師不曾多事，是真人偷龍換鳳，贏了他白雲寺，故此他才生出這一點障礙，勸皇后置酒賜冠，以圖報復。若真人不占他白雲寺，焉有這一場是非，故真人歸咎於己，是天良不昧也，後人勿以此勝彼敗為口實，可也。白雲禪師聽得邱真人自歸其咎，禪師亦悔用意差失，隨口也說了四句曰：

讀過佛經萬事空　為何一旦心朦朧
說龍道鳳終無益　枉費心機錯用工

皇后見禪師、真人皆各自任其咎，迴光返照，心中大喜，正欲讚美幾句，聽見宮人報道：聖駕來也，皇后即忙迎接聖駕入宮，邱真人與白雲禪師齊來參見聖駕。元主甚喜，說道：「朕見二師不睦，時常憂慮，今往西宮散悶，方才宮人報說二師和好，朕龍心大喜，故此離了西宮，來陪二師閑聊。」皇后又將二師皆各歸咎自己之句，對元順帝奏了一遍。元主大悅，說是「三教原無二理，僧道原屬一家」，也要說幾句話賀一賀二位師傅：

一僧一道在京華　僧道原來是一家
從此不須分彼此　共成正果為菩薩

邱真人和白雲禪師聽得此言，齊聲謝恩。元順帝對白雲禪師曰：「朕已發皇餉與國師新建寺院，待工程圓滿，可將白雲寺佛像移於新修寺院內，另取寺名，將白雲寺改為白雲觀，重塑道祖神像，以別僧道，各有所宗，為千秋香火，作萬世觀瞻，素不負二師保孤之功也。」真人和禪師重新謝恩，元主命宮人擺設素筵，君臣共樂。筵間又談了些道妙佛法，佛以空空設教，道以虛無為宗，空者無也，虛者亦無也，看來總是一理。不一會筵罷，二師辭了元主，各回原處。

又說白雲寺出來那些僧人，在各廟裏駐紮，一日偶會在一處，大家商議曰：「我們好好一座寺院，被邱長春占了，難道罷休不成？」內有一位好事的僧人，自言懂風鑑，說道：「若依我主意，在白雲寺前面，修一座西風寺，管教白雲寺大敗。」眾僧問致敗之由，那多事的和尚曰：「豈不聞風水怕人破，以我西風吹彼白雲，何愁不敗？何愁不散？」眾僧聞言，拍手大笑曰妙。當下做了幾本緣簿，又有一個廣有文才的僧人，提筆寫了一個序頭，一齊來見白雲禪師，求他出頭，請幾處官銜，隨將西風吹白雲之話，對禪師說知。白雲禪師笑曰：「是誰與你們打這主意？」眾僧便指出那好事的和尚曰：「便是這位上乘菩薩。」白雲禪師便問他：「你要起西風吹散白雲，是何意也？」那和尚曰：「晚輩欲與上人報仇。」白雲禪師曰：「我佛開教以來，只可與人結緣，未聞與人結冤，出家人四大皆空，一塵不染，有何仇之可報乎？昔佛陀被歌利王割截身體，節節支解，我佛並無怨恨，故此證位大雄，不生不滅，皆其能忍辱仁柔，方能具足神通。故吾門以空說法，空諸一切，無人無我，不聲不臭，既無人我之見，有何怨之可報？有何風之可吹？況且邱真人與我原無怨恨，這白雲寺是我輸與他的，又非他來強奪。昨日天子曾御賜皇餉，另修寺院，汝今捏造這些言語，滋生事端，倘天子知道，降罪下來，老僧擔當不起，你要修你去修罷。」說罷，各自養靜去了。

眾僧聽了白雲禪師之言，徒然醒悟，將起西風吹白雲的念頭，霎時消化，把緣簿用火焚燒，依然散往各廟住下。只有這會破風水的和尚，心中不服，出來逢張對李，都說：「我化得有幾千銀子，要在白雲寺前修座西風寺，我這西風一起，將他白雲定然吹散，管教他們那些道人，一個也住不成。」他以為說些大話，將白雲觀道友們嚇一嚇，殊不知道友們十個就有九個會說大話，聽得這些言語，也散些流言出去，說是叫他只管修，等他修起，我們在前面築起一道高牆，如扇子一樣，等他風來，我一扇搧去，名為返風，自吹自散。忽一人大喊曰：「你們能返風，我便去放火。」不知喊者何人？且看下回分解。

忍辱原能致中和　　榮辱真假任東流

問題與討論／

1. 邱真人與白雲禪師之歸咎於己，給予我們那些啟示？
2. 在道場中，難免有人喜說大話或無事生非，使清靜道場平白產生風波，遇此種情形應如何處理？

第二十九回

受丹詔七真成正果
赴瑤池群仙慶蟠桃

修成大道出迷途　才算人間大丈夫
日月同明永不朽　乾坤並老壯玄都

話說那些誇大話的道友，正講到他若把西風寺修起，我們便在觀外修一堵照牆，自古道：雲怕風，風怕牆，這牆壁當把扇子，風來時與他一搧，那風便往回吹，名為返風。話說未完，那秦嶺山上攔路打劫人的朱九在旁，大聲吼曰：「只要你們能返風，我便去放火，燒它一個乾乾淨淨。」王能見他如此冒勢，忙來喝住說：「他廟猶未修，你去燒啥？等他修起之時，再燒不遲！」眾道友聞言，大家笑了一陣。誰知就有那好事的道人，把這些言語傳將出去，也是逢張對李胡說一番，年代久了，話柄還在，相傳不實，以為真有此事：說和尚修一座西風寺，要吹散白雲觀，被道人用個破法，迴風返火，把西風寺燒了，其實並無此事。不過那邊出了一個多事的和尚，這邊出了個講大話的道人，你說過來，我說過去，惹動了那喜歡生事的人，編成話柄。有許多老修行在京地土生土長，都把這樁事摸不清白，今依古書，校正無訛，庶使後世門人不爭強論弱，則於因果有光輝也。

自古訛傳不可當　說來說去越荒唐
今日認作真實事　屢把前賢論短長

又說邱真人自與白雲禪師和好之後，靜養之餘，將修行工夫九九八十一轉，喻為九九八十一難；以真性本清，心猿意馬，為本身所用；以七情六慾、三尸六賊，為外魔侵奪，著成一部大書，名曰：《西遊記》。書成之後，叫道童送至集賢館，獻與白雲禪師。白雲禪師是個大有智慧的人，一覽便知，也將那洞中景象，靜裏妙用，六六三十六路外魔來攻本身，以智慧神通、生剋變化，著成一部大書，名曰：《封神演義》，也令沙彌到白雲觀奉與邱真人。從此兩家和好，白雲禪師此時神通俱足，飛錫到江南地方開闡去了。這一仙一佛著下《西遊》、《封神》，永垂萬古，妙用無窮。

兩部大書藏妙玄　幻由人作理當然
七情六慾從中亂　生出魔王萬千千

又說邱真人在白雲觀開壇演教，講說戒律，大開度世之門，重興全真之道，設規立矩，以警後人；又垂訓文，以遺後世。開叢林七十二座，接玄裔百千萬載，三千功果，八百行滿，應走紫府之選，以成大羅之仙。三十三天，丹書下詔，十月十九，跨鶴飛昇。是時也，霞光霞映，紫氣騰真，對對金童而接引，雙雙玉女以導行，和風習習，半空中幢旛旗舞，清音朗朗，雲端內仙樂鏗鏘，霎時離卻北京之地，頃刻來到南天門。王、馬、殷、趙見而拱手，張、葛、許、薩笑以相迎，朝至尊於金闕，覲王顏於玉宮，俯伏玉階之下，凌霄殿前稱臣，吾皇萬歲無疆，大哉帝德好生。上皇一見甚喜，即命考校功程三官上殿，保舉七真：「功德堪稱，考苦行於內功、外功，邱長春為第一。通妙玄於無極、太極，劉長生為二名。譚長真道心堅固，名列三等。馬丹陽清靜無為，第四堪稱。郝太古一塵不染，舉為第五。王玉陽萬慮俱寂，應在六名。孫不二智慧圓滿，首倡修行，其功最大，應該超群，然則遜讓一步者，前以她為始，今以她為終，註名第七。全始全終，七真之果，紫府已標名姓，今臣敢以奏聞。」奏罷，天顏喜悅，逐一敕封七真。邱長春封為天仙狀元、紫府選仙、上品全真教主、神化明應主教真君，劉長生封為玄靜蘊德真君，譚長真封為宗玄明德真君，馬丹陽封為無為普化真君，郝太古封為通玄妙極真君，王玉陽封為廣慈普度真君，孫不二封為玄虛順化元君。

上皇封贈訖，劉、譚、馬、郝、王、孫六人俱已謝恩，只有邱長春不肯謝恩。三官大帝喊曰：「邱長春怎不謝恩？」邱真人俯伏玉階，涕淚交流，惶恐奏曰：「非臣不謝恩，只緣道本難學，仙不易成，後世修行學道之人，如臣受那百千萬苦，而不退初心者，萬中難選一也。好最難學，非學好不能了道，臣有《學好難》本章上奏：

「悟道不易，學好最難，蓋學好之事，非大力量之人不能學也。要能忍飢受餓，忍辱受恥。有時衣不終身，食不終口，日斷兩餐，夜難一宿。無日不惹人嫌厭，屢受凌辱，言之酸也，聽之寒膽。臣經歷千般苦處，故知學好之為難也。一好字而難學，敢望仙乎！臣恐天下後世修行悟道之人，不能如臣受苦受難，有學道之名，而無學道之實也，使臣無從化度，有負吾皇榮封之恩，故臣不敢謝恩也！伏乞赦宥。」

邱真人將這〈學好難〉奏聞　上帝，群仙默然。只見西大廳內走出一位星君，你道這星君是甚模樣？

生成赤髮赤面赤鬚赤心，隨身金盔金甲金磚金鞭。足踏三五火車，追風逐電；統領百萬貔貅，降妖捉怪。糾察無私，人稱鐵面雷公。護法有感，共尊先天靈祖。

話說靈祖在旁。聞聽邱長春奏稱：學好之人，有許多磨難，無人護持。當時起了惻隱之心，願作護法之神，遂大聲喊叫：「邱長春，你只管謝恩，後世若有修行之人，學道之士，他有三分修持，我有七分感應；他有十分修持，吾便隨時照臨。自有人辦齋造供，不使他忍饑受寒。」邱真人聞聽星君之言，方才謝恩，又與星君作禮，把一個幾千觔重的擔子與星君擱在肩頭上。一會兒，上皇退殿，群仙散班，七真同到紫府恭見啟祖東華帝君、鍾離祖師、洞賓祖師，又拜見師傅重陽真人。東華帝君使紫霞真人引七真到威儀館，學習瑤池禮儀，不日，蟠桃會起，以好朝謁高真。

到了會期，東華帝君引領新進真仙，南宗北派，五相七真，端望瑤池而來。遙見瓊樓玉宇，金闕銀宮，珊瑚為欄，赤玉作階，金碧交輝，朱紫奪目，祥光映眼，異香馥郁。瓊林玉樹之中，鸞飛鳳舞；金柱銀墀之下，虎嘯龍吟。玄鶴梅鹿，青獅白象，皆配成對；鳳輦龍車，鸞輿鶴驂，世無其雙。說不盡瑤池莊嚴，表不完崑崙美景。

且說東華帝君引著新進群仙參拜王母，王母待以賓客之禮。少時間聖真如雲而集，王母接見，啟問已畢，依前會古規，各有次序，只有新進諸真，必待主人安排。西王母曰：「新進眾仙，對此上聖，而不能一參見，今可便宜行事，立在丹池，向上三拜，普同一體。」王母吩咐畢，東華帝君引導群仙跪於瑤階，謁禮九叩拜畢，王母逐一安位。樂奏鈞天，歌舞霓裳，席上珍品，難以名言，皆非塵世所有。許多仙童傳杯遞酒，無數玉女把盞提壺。有數十童子，手提紫竹籃筐，凌空飛走，直登樹梢，摘取蟠桃，從上而下，頃刻滿筐滿籃。仙吏仙官，互相轉運，須臾盈庭，揀選最大者，上奏天尊大聖；其次者，供養大羅金仙、三界正神；再次者，賞給蓬島散仙、侍衛人員、一切眷屬。其桃非容易而食，要有修行的人，方可得也。後世門人有欲慕此桃者，也學七真用心苦志，修行得道成真，恭拜瑤池王母，必以蟠桃賜汝，吃一顆壽活千年，不老長生。

會畢，千真萬聖各回天宮。七真隨東華帝君轉歸紫府，這紫府在方諸山上，這方諸也與崑崙相似，但不及崑崙之高大，其中也有四時長青之草，八節不謝之花，亦算天宮第一境界，不易到也。詩曰：

七真因果永流傳　　惟望吾人習妙玄
受得人間無限苦　　定做天上逍遙仙

問題與討論／

1. 邱真人最後成道，為何被封為天仙狀元？
2. 邱真人不肯謝恩之原因何在？
3. 邱真人之修行過程，給予後世修道人哪些啟示？
4. 請談談對本書之讀後感。

國家圖書館出版品預行編目 (CIP) 資料

七真史傳 / 宏道文化編輯部著 . -- 三版 .
-- 新北市 : 宏道文化事業有限公司出版 :
雅書堂文化事業有限公司發行 , 2024.06
224 面 ; 21x14.7 公分 . -- (經典傳奇 ; 5)

ISBN 978-626-7486-02-3(平裝)

234.515　　113008079

【經典傳奇】05

七真史傳

作　者／宏道文化編輯部

出 版 者／宏道文化事業有限公司
發 行 者／雅書堂文化事業有限公司
劃撥帳號／ 19934714
戶　　名／宏道文化事業有限公司
地　　址／新北市板橋區板新路 206 號 3 樓
電子信箱／ sv@elegantbooks.com.tw
電　　話／ 02-8952-4078
傳　　真／ 02-8952-4084

三版一刷 2024 年 6 月

定價 120 元